国家骨干高职院校旅游类规划教材

节事策划与管理

主　编◎张芝敏
副主编◎宋慧娟　李炼　何祥　孙冬燕

中国旅游出版社

前 言

从中国会展业的兴起到高速发展时期，一方面中国会展业在各方面取得了长足进展，会展业在国民经济发展和国际交流交往中扮演着越来越重要的角色。另一方面，伴随中国会展业的加速国际化，会展业界对高素质人力资源的需求不断提升，在中国会展业逐步向规模化、专业化、国际化迈进的过程中，培养一批国际化、专业化的高素质人才是促进这一转化成功实现的重要条件。在此背景下，编者针对国内旅游类、会展类学生对节事活动策划较陌生、理解不够深入、策划不太合理等问题，将引进的优质教学资源进行优化提升，编成此书，以期在国际化会展人才、旅游人才培养上有所贡献。

《节事策划与管理》是成都市市级重点专业——会展策划与管理专业的核心课程。我们正致力于完成该课程相关典型岗位能力和学习领域分析，构建课程体系，完善该课程标准，并将中高职衔接课表在成都旅游职业教育集团内部进行推广。《节事策划与管理》是成都职业技术学院的2015年度院级精品资源课程，课程以提高学生的实际操作能力为目标，主要采用项目教学法，达到促进学生创业就业能力提升和服务地方经济的双赢目的。

本书以《成都会展业十二五发展规划》为依据，采用我院创新的现代服务业高技能人才培养的A型模式，统筹考虑重构教学内容，强调从工作岗位核心能力要求出发，培养学生知识与技能的协调发展，是一本会展类、旅游类的综合用书。全书以节事活动的工作流程为项目共分为八个子项目，分别是会展节事活动概述、会展节事活动的可行性方案、会展节事活动策划与流程、会展节事活动的市场营销、会展节事活动的财务成本管理、会展节事活动的现场管理实施、会展节事活动的风险控制与管理、会展节事活动的评估。我们根据成都会展行业自身快速发展的需要，认识到节事策划与管理是会展行业的核心竞争产品，是四川本土会展行业生存发展的灵魂。用节事策划、现场管理创新会展节事产品，让会展节事产品升级转型，并将最新的信息技术运用在节事策划与管理中。

本书由成都职业技术学院张芝敏副教授担任主编，负责拟订编写计划、统稿，并编写了项目一、项目七；宋慧娟编写项目三；李炼编写项目五、项目八；何祥编写项目四、项目六；孙冬燕编写项目二。

由于编者水平有限，本书难免有疏漏之处，敬请广大读者批评指正。

项目课题组

2016 年 12 月

目录
CONTENTS

项目一

会展节事活动概述

导读职业能力目标

能区分活动、事件、特殊事件，了解节事活动的定义，节事活动与会展的关系。节事活动的分类，国际、国内节事活动的特点。

任务导入

你能够通过认知节事活动，了解节事活动涉及的各个元素。

任务一　节事活动的内涵

一、几个相关概念

如今，随着我国市场经济机制的逐步成熟，各种社交活动、公关活动、公益性活动、商业性活动更是层出不穷，“活动”“事件”“节事活动”“节庆”“大型活动”等词语频繁出现在我们的视野当中。“活动”一词在发展中又被赋予了新意，而近年来关于“活动”“节事活动”“大型活动”等研究颇受重视。

（一）活动（Activity/Event）

对于“活动”一词，人们有多种不同的解释。以《现代汉语词典》（商务印书馆，2005 年）中收列的解释为例，“活动”一词通常有以下几种解释：（肢体）动弹，运动；动摇；不稳定；灵活；不固定；指钻营、说情、行贿；未达到某种目的而采取的行动等。

我们在这里谈到的“活动”均指最后一种含义。也就是说，本书所论述的活动指的是积极、有一定社会意义的行动，而且是围绕预定目标，为达到预期效果而采取的行动。

人类有组织的活动包括两种类型：一类是常规活动，如企业周而复始、连续不断的日常运作；另一类是非常规活动，如企业围绕技术革新而进行的一系列活动，这种活动往往是临时的、一次性的，而且有清晰的起始期限，我们又称为“项目”（project）活动。

（二）事件（Event）

《现代汉语词典》中对“事件”的释义是“历史上或社会上发生的不平常的大事件”。可见“事件”与“活动”两者的中文含义大不相同。

而近年来，业内出现了对“事件”与“事件旅游”的研究，提出了一些与“事件”相关的概念，如“重大事件”“特殊事件”“标志性事件”“事件旅游研究”等。同时也出现了“重大活动”“大型活动”“特殊活动”“标志性活动”“活动项目”等提法。

在西方，节事研究领域与节日和特殊事件密切相关的概念还有节事（Event）、标志性事件（Hallmark Event）、大型节事（Mega Event）、重要节事（Major Event）等；在中国节事发展过程中，借用了西方一些节事概念，如大型活动、标志性活动等，同时也出现了节庆活动、旅游节庆等多种本土概念。对这些概念的界定和辨析，有利于明确节事的具体内涵和外延。

加拿大卡尔加里大学（University of Calgary）的盖茨（Getz）教授是节事管理（Event Management）和节事旅游（Event Tourism）研究的重要人物之一，他对节事、重大节事、特殊事件等概念进行了界定。

在Getz看来，节事（Event）就是指短时间内（Transient）发生的一系列活动项目（Activity Program）的总和。因此，Event（节事）也往往被翻译为“活动”。同时Getz认为：节事旅游（Event Tourism）有两个方面的含义：一方面，节事旅游是对节事进行系统规划（Plan）、开发（Development）和营销（Marketing）的过程，其出发点是使节事成为旅游吸引物、促进旅游业发展的动力、旅游形象塑造者、提升旅游吸引力和旅游目的地地位的催化剂，节事旅游发展战略（Event Tourism Strategy）还要对新闻媒介（Media）和不良节事（Negative Event）的管理做出规划；另一方面，节事旅游要对节事市场进行细分（Market Segment），包括分析和确定什么人将进行节事旅行（Travel To E-vent）、哪些人可能会离开家而被吸引前来参与节事。而节事管理（Event Management）则是协调目的地规划（Destination Planning）和地方促销（Place Promotion）过程中各类不同节事角色的过程和事务，其目的是使节事成为具有强烈旅游导向（With A Strong Tourism Orientation）的吸引物，并向节事参与者（Event-goer）提供高质量的节事产品（Event Product）。

重大节事（Mega Event），Getz（1997）通过列举具体的规模和影响，给出了重大节事的描述性定义。他认为重大节事的容量应超过100万观众，成本至少为5亿加拿大元，并且其声誉应是一个“必看的”节事。从规模和重要性来看，重大节事是指能为东道主创造高层次的旅游产品、媒体传播效果、崇高声望或巨大经济效益的节事。这一类节事的典型例子如世界杯足球赛、奥运会等。

按Getz（1997）的看法，标志性节事（Hallmark Event）是一种在同一地方重复举办的节事（A Recurring Event）。对于举办地（Host Place）来说，标志性节事具有传统、吸引力（Attractiveness）、形象或名声等方面的重要性。标志性节事使得举办节事的社区和目的地赢得市场竞争优势。随着时间的推移，标志性节事将与目的地融为一体。此外，标志性节事是“从长远或短期目的出发，一次性或重复举办的、延续时间较短、主要目的在于加强外界对旅游目的地的认同、增强其吸引力、提高其经济收入的活动”。标志性节事要获得成功，主要依赖其独特性、地位、具有创造公众兴趣并适时引起人们注意。

事实上，两者均来源于同一英文词“event”，只是不同的专家、学者根据具体情况，翻译和使用的名称不同而已。“event”在英语中是个名词，主要指“事件”“重要事件”“重大事件”。美国卡盖瑞大学教授将“event”阐释为“事件”，定义其为短时发生的一系列活动项目的总和及发生时间内环境/设施管理和人员的独特组合（Getz，1997）。而在实际应用中，“event”往往包含两层含义：一是带有名词含义的“事件”，如F1、世界杯，其侧重点是时间本身；二是带有动词含义的“活动”，如对事件的描述重点在运作和管理，重大事件可以称为“大型活动”。

（三）特殊事件（Special Event）

曾任迪士尼乐园公关部主任、后来拥有最成功的活动组织与管理公司的罗伯特·加尼曾给“Special Event”下了一个简单而且经典的定义：那些不同于日常生活的事件。特殊事件又可称为“特殊活动”，是指经过事先精心策划，能够激发人们强烈期待的庆祝活动。

特殊活动可以从两个角度来定义：一是从活动组织者角度定义，特殊活动是在赞助人或组织人的正常计划或活动以外的一种一次性或经常发生的活动；二是从参与者的角度定义，对参与者来说，特殊活动是在正常的选择范围之外，或日常经历以外的一个娱乐、社会或文化体验的机会。

还有许多研究者从不同角度都对特殊活动给了很多定义，总的来说，特殊活动是指那些精心计划和举办的特定的仪式或庆典、比赛等。在类型上包括国庆节和庆典、重大市民活动、独特的文化演出、重要的体育赛事、社团活动、贸易促销和产品推广等。特殊性是一个相对的概念，不同的对象体会不同，不同的角度理解不同。事件或活动是否特殊，或许活动的主办方、组织管理者和参加活动的消费者的看法有所不同。

（四）大型活动（Important Event）

大型活动，又称为重大事件，指一项有目的、有计划、有步骤地组织众多人参与的社会协调活动。主要包括以下四个重要含义：

第一，鲜明的目的性。无论是企业举行的品牌活动，还是世界各国政府举办的奥运会，群众组织或社会团体组织的公益活动都具有明确的目的性，所以宏观上说，大型活动的目的往往体现在社会效益、经济效益和环境效益三方面。

第二，计划性。大型活动由于参与者众多，影响面广，计划不但必不可少，而且更强调周密性，包括前期策划、活动现场执行计划、传播计划、突发事件计划等。

第三，参与人数众多，具有广泛的社会传播性。社会各界尤其是媒体参与性较强且较广泛，如奥运会就可让世界各国运动员与媒体集中参与，2011 年青岛啤酒节共接待了 377 万人次的海内外旅客。

第四，确保安全性。由于活动现场往往有着大规模的人流，安全意识尤为重要，不管是活动的举办者还是政府有关部门，只要发现隐患，应立刻启动紧急措施，避免严重事故的发生。

二、节事活动的定义

美国乔治·华盛顿大学节事活动管理专业创始人及首任主任乔·戈德布拉特博士在他的专著《现代节事活动管理的最佳实践》（*The Best Practice of Modern Event Management*）一书中，将节事活动定义为："为满足特殊需求，用仪式或典礼进行欢庆的特殊时刻。"

国内文献中，对"节事""节事活动""节事旅游"的定义不明确，其内涵也界定不清，译名也不够统一。由于"节事活动"的内涵丰富，我国一些学者对此进行了研究，但因看问题的角度不同，对节事活动的定义也各有不同，较有代表性的有以下几种：

（1）"'节事'一词来自英文'event'，有'事件、活动、节庆'等多方面的含义。节事活动是指城市举办的一系列活动或事件，包括节日、庆典、地方特色产品展览会、交易会、博览会、会议以及各种文化、体育等具有特色的活动或非日常发生的特殊事件。"（吴必虎，2001）

（2）"在事件及事件旅游的研究中，常常把节日（Festival）和特殊事件（Special Event）合在一起作为一个整体来进行探讨，在英文中简称为 FSE（Festival&Special Event），中文译为'节日和特殊事件'，简称节事。""从字面上看，节庆是'节日庆典'的简称，其形式包括各种传统节日以及经过策划创新而人为'制作'出来的各种节日。为了和节事（FSE）区分开来……把各种节日界定为'狭义的节庆'，把各种节事界定为'广义的节庆'。"（戴光全，2005）

（3）"节事活动专指以各种节日（Festival）和盛事（Special Event，Mega Event）的庆祝和举办为核心吸引力的一种特殊旅游形式。"（邹统钎，2001）

从以上几种解释来看，反映出我国学术界目前虽然对节事活动的概念还有不同的认识，但亦有以下共同点：

第一，节事有广义和狭义之分。狭义的节事即节庆，指的是各种节日和庆典，尤其是指周期性举办的（一般是一年一次）的节庆等活动，但不包括各种交易会、展览会、博览会、体育等方面的特殊事件。广义的节事不单是指发生的事件，还指一些内涵丰富多彩的项目，包括节日，地方特色产品展览、体育比赛、文化仪式等具有特色的活动或非日常性发生的特殊事件。

第二，节事活动，尤其是大型节事活动与旅游关系密切。在现代旅游或地区经济发展过程中，节事活动和旅游结合形成的节事旅游（Event Tourism）已经成为一种专项旅游产品，世界各国纷纷将节事活动作为发展旅游业和振兴旅游经济的重要方式。与常规旅游活动相比，它更具有强大的生命力和社会经济效益。旅游目的地往往把节事活动作为旅游营销的重要手段，把节事活动作为提高国家、地区或城市知名度，保护传统文化的有力手段。

综上所述，我们可将节事活动称为“能对人们产生吸引，经过精心策划，有可能被用来开发成娱乐、休闲、旅游等参与性的消费形式的各类庆典和活动的总和”，所以大到举世瞩目的奥运会，小到亲友的聚会，都属于节事活动的研究范畴。本书的重点是探讨广义的节事活动，包括节庆（Festival）、特殊事件（Special Event）和各类活动（Event)，诸如体育赛事、会议、舞会、狂欢节、颁奖典礼、纪念仪式等，而且这些常见的活动可能不属于“人们日常生活体验或日常选择范围之外”这一定义。

节庆和旅游节庆是被国内从业者和研究者广泛使用的概念。一般认为：旅游节事也可称为旅游节庆，通常是指一些含有多种旅游项目的节事，包括节日、地方特色产品展览、轻体育比赛等具有旅游特色的活动或非日常发生的特殊事件；狭义的旅游节庆是指周期性举办的节日活动等，但不包括各种交易会、展览会、博览会、文化、体育等一次性结束的节事。在这里对旅游节庆进行了广义和狭义的区分，同时把旅游节事等同于旅游节庆，这说明国内往往把节庆、旅游节庆、旅游节事混用。

由于节事是一个新兴行业和新兴研究领域，许多概念仍处于界定和辨析阶段，尚没有完全形成的概念和理论体系。尽管如此，在以下几个概念上，国内研究者和业界基本达成了共识，具体区分如下。

节事 VS 节庆：前者是一个外来的组合概念，是节日和特殊事件的简称，不仅包括各种节日庆典，还包括经过策划的各类节事，范围很广。后者产生于中国本土，主要是指有主题的公共庆典活动，范围较小。

节庆 VS 特殊事件：节庆注重公共庆典的欢乐本意。而特殊事件有更为广泛的内容，包括各种交易会、博览会、文化体育活动等。

旅游节事 VS 节事旅游：旅游节事和节事旅游更不能混淆，前者是指一个具有旅游吸引功能的“节庆或特殊事件”，而后者是指作为吸引物而引发的一种旅游形式。

三、节事活动的内涵

（一）举办目的

举办节事活动的主要目的是为了庆祝、教育、娱乐、市场营销和重聚。对于旅游业来说，节事活动可以提高举办地的知名度，树立举办地的良好形象，促进当地旅游业的发展并以此带动经济的发展。

（二）主题内容

节事活动的主题内容往往从当地的特色和文化传统出发，经过精心策划、宣传和组织，满足参与者体验性、娱乐性的要求，实现组织者商业性或公益性的目标。

（三）形式

节事活动在市场经济中通过产品，尤其是旅游产品的形式表现出来，内容组合严谨，并围绕主题开展，环环相扣。由于多数旅游者的目的是通过参加节事活动获得特殊的娱乐经历，因此活动的形式必然要求活泼、亲和力强。

（四）功能

节事活动兼具文化价值和经济价值，是地区文化现象与经济内容的载体。随着旅游业的发展，人们越来越认识到旅游节事活动的经济内容的载体功能，并且意识到这种功能的潜在价值。

（五）实质

节事活动因旅游者为某一目的（如观看体育盛会、参加狂欢节等）从全世界或全国各地在短时间内聚集到旅游目的地，具有客流量大、停留时间长、消费水平高等特点，使得举办活动的城市或地区旅游设施综合利用率高，具有强大的产业带动效应，不仅能给城市带来场租费、搭建费、广告费、运输费等直接收入，还能创造住宿、餐饮、通信、购物、贸易等相关收入。更为重要的是，节事能汇聚巨大的信息流、商品流和人才流，对一个城市或地区的国民经济和社会进步产生难以估量的影响和催化作用。

当今世界各国所举办的大型纪念或庆祝活动，都带有浓厚的商业色彩，许多国家想通过举办大型纪念或庆祝活动，促进旅游业发展和推动社会经济发展。要想成功举办大型纪念或庆祝活动，必须进行可行性研究和论证，充分准备；积极进行宣传推销；进行城市环境整治；还要有热情周到的服务。

（六）节事活动与会展的关系

诸多大型综合性的节事活动往往包含一些会议、展览，那么节事活动与会展有怎样的关系？两者之间有何差异及相关性呢？

由于节事活动业和会展业在我国都是新兴的产业，对于节事活动、会展的研究也处于起始阶段，不同的学者对其内涵、定义以及其他的研究也各不相同。会议、展览、大会和奖励旅游被国际上统称为 MICE Industry，也就是我们通常所说的会展业。这种说法在我国刚出版的一些教科书中出现较多，也可以称之为“学院派”说法。而“业界派”认为，会展仅指会议和展览，尤其侧重展览，会展和节事活动被统称为 event，也就是活动。

关于节事活动与会展两者的关系问题，目前同样在学术界存在争议。

有人认为，会展的内涵远远大于从其文字层面所做的理解，它不仅包括会议和展览，而且还包括奖励旅游和节事活动。也就是说，节事活动是会展的一个重要组成部分。

有人认为，会展也是一种活动，节事活动的内涵则更为宏观，它应该包括会展活动。

也有人认为，节事活动业与会展业是两个完全不同的产业，其组织、运作和经营模式以及参与的对象也完全不同。

不可否认，国际上用 MICE（Meetings Incentives Conventions Exhibitions）Industry 来表达我们通常所说的“会展业”，在西方文献中也有用 MECE MCE CEMI 来表达这一概念的。而在描述具体活动中，多使用 event 来表示诸如会议、展览、奖励旅游、大会等。在国外，节事活动业的提法更为普遍，使用也更为广泛。不同的学者由于翻译不同，产生了“活动”和“会展”两个不同的中文词意，但在国际上实属同一含义，都来自英文词event。

从内涵上说，节事活动更为丰富，会议和展览只是其中的一部分。

需要精心策划的节事活动包括一般节庆、狂欢节、宗教仪式、遗产纪念等文化庆典；音乐会及其他表演、展览、颁奖典礼等艺术和娱乐活动；职业和业余的体育竞技；研讨会、学术会、说明会等教育科学活动；就职典礼、贵宾来访等政治活动；展销会、贸易展、博览展、会议、筹款募捐等商业及贸易活动。从广义上说，在短期内组织众多人参与的活动都可以称为活动或节事活动，会议和展览也同样符合这一定义。也就是说，会议、展览属于节事活动的一部分。

由于诸多学者已经对会议和展览做了较深入的研究和探讨，本书没有着重描述它们，而是强调和侧重特殊活动（Special Events）和节庆（Festivals），这是目前国内处于起步阶段的部分。

任务二　节事活动的基本类型

一、分类标准

在实践中，不同主题、不同内容、不同运作方式、不同规模的节事活动名目繁多，种类丰富，可以从不同的角度对节事加以分类，如：

规模：这是最常见的一种节事分类标准，这一标准通常是从节事的组织方来界定的，按照节事的规模可以分为全球性的、全国的、区域的和地方的节事活动。全球性的节事如“奥运会”“世界杯”“慕尼黑啤酒节”“世界博览会”等，全国性的如“广州交易会”“国内旅游交易会”等，区域性的如“丝绸之路狂欢节”“长江三峡旅游节”“大连服装节”等，地方性的如各种地方性的庙会、本地居民为主的民族节日等。

影响：从节事的影响角度对节事进行分类也是较常见的方法。例如，按照节事影响力大小的不同，可以分为超大型节事活动、标志性节事活动以及一般的节事活动等。按照影响力发挥的领域，可以划分为经济类节事、政治类节事、文化类节事以及综合类节事。

内容：根据内容划分，如中国城市节事活动可以分为自然景观型、历史文化型、民俗风情型、物产餐饮型、博览会展型、运动休闲型、娱乐游憩型、综合型八大类。

形式：根据节事的形式划分，可以分为综合性节事和专题性节事，前者如旅游节、艺术节、文化节等，后者如物产特产类节事（陶瓷节、啤酒节、桃花节）。从具体组织形式来说，节事可以被划分为节、会、展、演、赛等各种不同具体组织形式。

主办者：根据主办者身份的不同，节事活动可以被分为政府部门举办的活动、协会活动、社团活动和企业活动。在中国，目前节事活动的主办者主要有两类：一是政府及其部门，二是企业。由于不同的主办者主办节事活动的目的各不相同，对节事活动举办效果的评价标准也各不相同。

性质：根据节事性质，节事可以划分为公益性节事和营利性节事等。

此外，也有一些综合性的分类方法，如国际节庆协会（International Festivals & Event Association，IFEA）把节事分为大型节事（Large Event）、小型节事（Small Events）、艺术节事（Arts Festivals）、体育节事（Sporting Events）、展览会（Fairs）、与公园和游憩相关的节事（Parks&Recreation Events）、城市政府组织的节事（City Offices）以及会议与观光局（Convention&Visitor Bureaus）组织的节事等类型。

二、基本类型

在这里，在收集我国现有节事活动案例的基础上，通过对典型案例的分析，对我国目前节事活动的基本类型做一个说明。按照内容分，目前我国的节事活动可以分为历史民俗类、衣食物产类、文化艺术类、自然生态类、体育休闲类、其他综合类六大类。

在这六大类节事活动中，国内举办最多的是历史民俗类节事活动，包括民族、民俗、历史文化节事，如天津妈祖文化旅游节、南岳衡山寿文化节等。其次是衣食物产类节事，包括美食节、服装节、特产和花卉节等，如河南洛阳牡丹花会、大连服装节等。再次是文化艺术类，包括各种文化节、艺术节、摄影节、戏剧节等，如吴桥杂技节、上海艺术节等。自然生态类包括自然风光、生态现象等，如中国南海开渔节、桂林山水旅游节等。体育休闲类包括了群众体育赛事、登山探险、狂欢节等，如中国海南岛欢乐节、中国银川国际摩托车旅游节等。其他综合类节事如上海国际旅游节、重庆市旅游节等。

三、节事活动的分类

节事活动按不同的分类方法可以分为多种类型，了解节事活动的类型对于开发和策划节事活动、推动会展业和旅游业的发展有着十分重要的意义。一般来讲，节事活动可按下列方法分类：

（一）按节事活动的规模和重要性分类

可以分为特大型活动、标志型活动、重要型活动和中小型活动。

1. 特大型活动

特大型节事活动（Mega Event）指那些规模庞大以至于影响整个经济，并对参与者和媒体尤其是国际媒体有着强烈的吸引力并引起反响的活动。什么样的大型活动可以称之为特大型活动呢？奥运会、世界杯、世界博览会是当之无愧的特大型活动，那狂欢节、重大仪式是否属于呢？我们来看看专家们对特大型活动的界定。

马里斯（Marris，1987）在国际旅游专家联合会（International Association of Tourism Experts，IATE）以大型活动为主题的会议上指出，特大活动可以根据活动的参观人数、花费及其声誉影响来界定。从规模上看应该有超过100万的参观人数，从活动花费上看不应该少于500万加拿大元，从声誉影响上看应该是对参观者来说非参与不可的活动。同时他认为，声誉影响是使特大活动能否通过政治当局审批的重要因素。

鲁尼（Rooney，1988）从体育活动的角度研究了特大型活动。他认为所有体育类型的特大型活动具有以下一些特征：承载传统文化、有着某种神秘色彩或至少有着某种神秘成分、活动媒体尤其是国际传媒的广泛关注、多与诸如旅行及节庆等活动同时举行、（有时）在特殊地点举行。

霍尔（Hall，1992）认为，特大型活动是指那些以国际旅游市场为明确目标的活动，主要从参与活动的人数、目标市场、公共财政介入水平、公共影响、媒体报道程度、相关设施建设以及对东道国或地区的经济社会结构所产生的影响来衡量。这样的特大型活动主要有世界博览会、世界杯或奥运会等。

虽然，各位专家的界定有所不同，从盖茨（Getz，1997）提出特大型节事活动的2项定量指标和14项定性指标来看，特大型节事活动包括奥林匹克运动会、世界博览会、世界杯足球赛等规模宏大、参与国家和人数众多、经济影响明显的节事活动。

2. 标志型活动

标志型活动（Hallmark Event）是指那些与一个乡镇、城市或地区的特质相同，以至于它们成了这个地方的代名词，并获得了广泛认同和知晓的活动。

里奇（Ritchie，1984）这样定义："从长远或短期目标出发、一次性或重复性举办的、延续时间较短、主要目的在于加强外界对于旅游目的地的认同、增加其吸引力、提高其经济收入的活动。要使其获得成功，主要依赖其独特性、地位、具有创造公众兴趣并吸引人们注意的时代意义。"

Getz 则认为，标志型活动用于描述一个重复发生的活动，由于其在传统性、吸引力、形象或知名度等方面的突出表现而增加了东道国或地区的竞争力。

综上所述，标志型节事活动是一种在该地重复举办的，大多是一年一次的活动。对于举办地来说，标志型活动具有传统、吸引力、形象或名声等方面的重要性。这种活动往往是为了提高本地旅游景点和地区吸引力而设计的，通过每年或有规律地举办活动来宣传自己，吸引旅游者，打开国内外市场。并随着活动的发展、金额成熟，与旅游目的地融为一体，成为某地的代名词。如西班牙的斗牛节、爱丁堡艺术节、戛纳国际电影节、博鳌亚洲论坛、意大利威尼斯狂欢节等。

标志型活动应该是在某地重复举办的，如果大型活动在该地仅仅举办一次，只能在短期内提高该地的知名度或改善其形象，很难成为该地的标志性活动。只有那些因为某种活动而使该地广为人知，或者由于某种活动具有强大的表现力而成为该地的旅游主题时，这种活动才能称之为标志型活动。

能够成为某一地方的标志型节事活动的选择非常广泛，不论是世界性的盛事，还是地方性的节庆；不论是外来的节事活动还是本土的传统节日；不论偶尔为之的节事，还是循环定期举办的节事，都可以加以发展和培育，成为旅游节事的标志型活动。

3. 重要型活动

从范围和媒体关注的程度来说，重要型活动（Major Event）就是那些能吸引大量观众、媒体报道和经济利益的活动。这些活动极大地激发了当地居民的兴趣，吸引当地人们参与，并为增加旅游收入提供机遇。众多世人瞩目的 F1 赛事、世界锦标赛、巡回赛、公开赛、友谊赛、运动会等赛事，如世界体操锦标赛、世界女排锦标赛、大师杯网球公开赛等都属于这类活动。随着国际重要活动市场竞争激烈的加剧，越来越多的国际体育组织和政府策划、举办和承办这类重要活动。

4. 中小型活动

在类型众多、主题各异的中小型活动（Minor Event）中，各类交际舞台、庆典、颁奖仪式、中小型体育赛事或企业及政府的社交活动占据大部分。

（二）按节事活动产生属性分类

节事活动又可分为传统节日活动、现代庆典活动和其他活动。

1. 传统节日活动

根据传统节日的发展历史可分为古代传统型和近代纪念型，是对历史文化的追溯，也是对民族传统文化的反映和弘扬。我国的重阳节的大型登山活动、端午节的赛龙舟活动、新春元宵节的逛花灯活动、上海龙华庙会，西方的圣诞节、复活节、威尼斯狂欢节等都属于古代传统型旅游节庆活动。近代纪念型如各国国庆节、国际劳动节、儿童节、妇女节、美国纽约的玫瑰花节、奥尔良的圣女贞德节等。

2. 现代庆典活动

（1）与生产劳动紧密联系的节庆活动。深圳的荔枝节、菲律宾的捕鱼节和水牛节、阿尔及利亚的番茄节、摩洛哥的献羊节、意大利丰迪市的黄瓜节、新墨西哥州哈奇城的辣椒节、西班牙的鸡节等。

（2）与生活紧密联系的节庆活动。上海旅游风筝节、国际服装节，现代生活中的浦东牛排节、西餐餐饮文化节等美食节，各种影视文化和农民旅游节及浙江浦江书画水晶节、蒙古族的那达慕大会等。

3. 其他活动

包括各类会议、展览和体育盛事等。

（三）按节事活动的内容分类

瓦根（Wagen，2004）将活动分为体育，娱乐、艺术和文化，商场市场营销和促销活动，会议和展览，节日庆祝活动，家庭活动，筹集活动。

1. 体育

开展于世界各地的体育运动，不仅能超越所有社会、种族、语言的界限，成为世界人民沟通的桥梁，也提供了具有吸引力、富有竞争性的大量就业机会。美国是世界头号体育强国，同时也是世界上体育产业最发达的国家。20 世纪 60 年代以后，许多属于“有钱又有闲”的中产阶级的美国人寻求新的生活方式，基于改善生活质量的需求，使美国体育产业获得了新生，并走上了快速发展的轨道。据统计，2010 年，美国的体育总产值高达 4410 亿美元，接近 GDP 的 3%，是汽车产业的 2 倍、影视产业的 7 倍。世界杯足球赛、Volvo（富豪）精英杯业余高尔夫球赛、法国网球公开赛、美国职棒联盟明星赛、迪士尼冰上乐园等既可以说是体育活动，又可以称为娱乐活动，已经成为人们日常生活的重要组成部分，并成为公众喜闻乐见的休闲方式，或参与，或欣赏。如今，体育活动不仅数量很多，而且规模越来越大，大型国际体育活动不仅有人数众多的运动员、教练员参加，而且有不少的随队工作人员、记者以及大量的“啦啦队员”和观众参加。举办大型体育活动，对自然旅游资源缺乏的国家或地区来说，可以吸引更多游客；对具有较好旅游接待条件和设施的国家或地区的城市而言，可以最大限度地利用现有条件及设施。

2. 娱乐、艺术和文化

2011 年 10 月 18 日，中国共产党第十七届中央委员会第六次全体会议通过了《中共中央关于深化文化体制改革、推动社会主义文化大发展大繁荣若干重大问题的决定》，明确提出要“构建现代文化产业体系和健全现代文化市场体系”。“发展壮大……广告、演艺、娱乐、会展等传统文化产业”，“重点发展演出娱乐、影视剧、动漫游戏等产品市场，进一步完善中国国际文化产业博览交易会等综合交易平台”。根据道略文化产业研究中心发布的数据显示，2010 年中国演出市场收入为 108 亿元。其中，专业演出场所演出为 57. 18 亿元左右；实景旅游演出为 12. 4 亿元；民营团体在非专业场所演出为 25. 2 亿元；大型场馆演唱会等演出为 13. 2 亿元。近年来各类文化娱乐型的活动尤其是景区里举办的各种节事活动更是如雨后春笋，经久不衰的《创世纪》、好评如潮的《金面王朝》、百看不厌的《龙凤舞中华》、叹为观止的《E 秀》，还有表述千年文化的《宋城千古情》、独具藏族特色的《藏王宴舞》、大型原生态歌舞的《云南映象》、令人震撼的《井冈山》、江南水乡韵味十足的《四季周庄》等，这些都是我国旅游演艺市场上最具代表性的优秀演艺秀，并形成了各景区的“招牌”。

3. 商场市场营销和促销活动

商场市场营销和促销活动的目的是发掘潜在客户，并获得更多消费者的青睐，使自己的产品体现出与众不同的特色。消费者、潜在的购买者、销售商都可能是好的参与者或观众，媒体往往也关注这些活动，并给予及时的报道，在短时间内产生轰动。

4. 会议和展览

据世界权威的国际会议组织——国际会议协会（ICCA）的统计，每年在世界各地举办的参加国超过 4 个、参与外宾超过 50 人的各种国际会议已达 40 万个；此外，据不完全统计，世界上每年还要定期举行 4000 多个大型展览会。全世界每年仅用于会议及展览的开支就达 2800 亿美元。还有占会展市场绝大部分的公司小型会议和展示活动，为改善和提高企业的经营提供沟通和商业交流的机会。

5. 节日庆祝活动

节日庆祝活动都来自对生活的热爱，尤其是传统节日，不仅有悠久的历史，而且其形成过程，也是一个民族或国家的历史文化长期积淀凝聚的过程。它的起源和发展是一个逐渐形成、潜移默化、慢慢渗入社会生活的过程。人们通过各种方式，举行各种庆祝活动怀念先人，借以寄托自己的思念，表达自己对朋友、亲人的美好愿望。

6. 家庭活动

家庭舞会、家庭宴会、婚礼、野外旅行等形式，尤其新年、圣诞节等正是融入家庭娱乐活动的家庭成员聚集的好时机。

7. 筹集活动

筹集活动是将志愿者和非营利性机构的支持者聚集到同一社交场合中，以轻松愉快的方式向来宾介绍筹集活动的目的，并最终筹集到足够的资金。筹集活动的目的大多数都是筹集资金，通过早餐会、午餐会、晚餐会或招待会、剧院演出或艺术画廊开幕聚会、体育活动（如网球或高尔夫球比赛、1 万米跑步或竞走比赛）、拍卖会、表彰活动（如颁奖主题宴会、餐饮舞会）、面向大众的长跑活动等形式出现。

（四）按节事活动的主题类型分类

以主题类型分类又可分为宗教性、文化性、商业性、体育性、政治性的节事活动。

1. 宗教性

宗教性节事活动如麦加朝圣、西藏晒大佛、古尔邦节、复活节、观音菩萨生日等。

2. 文化性

文化性节事活动如巴西嘉年华、哥伦布 500 年历史纪念日、柏林国际电影节、上海文化艺术节等。

3. 商业性

商业性节事活动如开业庆典、品牌促销、产品推广、企业年会、产品发布会等。

4. 体育性

体育性节事活动如奥运会、世界杯足球赛、F1 方程式大赛、网球大师杯赛等。

5. 政治性

政治性节事活动如两国建交互访周年庆典、世界银行大会、亚太经济合作组织（APEC）领导人峰会等。

（五）按节事活动的组织者分类

以组织者分类，节事活动可分为政府性、民间性和企业性的。

1. 政府性

政府出面组织的公益节庆活动可以称为政府性节事活动，如春节或中秋的联谊活动、五一和国庆的联欢活动等。

2. 民间性

这是指民间组织的自发节事活动，如彝族的火把节、法国的狂跳暴饮节、伦敦诺丁山狂欢节等。

3. 企业性

这类活动是指企业组织的商业节事活动，如某超市七周年活动、摩尔莲花新闻发布会暨网页设计大赛等。

（六）按节事活动的设计内容多少分类

按设计内容多少分类，节事活动可分为单一性主题和综合性节庆两类：单一性主题是指活动内容和形式单一的节事活动，如瑞士伯尔尼的洋葱节、法国香槟节、徐家汇广场啤酒节、不夜城啤酒节、新加坡食品节等；综合性节庆是指活动内容和形式综合广泛的节事活动，如杭州的西湖博览会、上海旅游节等。

（七）按节事活动的参与程度分类

根据参与程度，节事活动可以分为三大类：一是亲身参与型，如西班牙番茄节、傣族泼水节等；二是观赏型，如文艺表演、体育赛事；三是混合型，既可亲身参与，也可欣赏，如西班牙奔牛节。

（八）其他分类

迈耶（Meyer，1970）按主题将节事活动分为体育节、工艺节、戏剧节、电影节、舞蹈节、音乐节、农业节七种类型。

里奇将节事活动分为世界博览会和展示会、特殊旅行会、体育赛事、文化和宗教节事、历史里程碑事件纪念活动、古典商业和农业节事以及与某些政治人物相关的节事。

四、节事活动的特点

1. 文化性

节事活动举办地在漫长的历史文化发展过程中，通过文化的创造、交流和融合逐渐形成了各具地方特色的节事传统，这种独特的地方文化是节事活动举办地具有旅游目的地吸引力的源泉。

2. 地方性

节事活动带有明显的地方气息，随着旅游的发展，有些已成为反映旅游地形象的指代物。如广州交易会是其在国际市场推广形象的重要节事，而每年一度与中国传统佳节——春节相连的广州花会，则是体现花城广州之形象的地方性；自1890年举办至今已有123年历史的玫瑰花车大游行，吸引了约90万的游客亲临现场观看，以其场面宏大、被各大媒体广泛直播而成为美国南加州帕萨迪纳市的标志性节事。少数民族节日因其独特的地方文化，使节庆活动的地方色彩更为浓厚。例如，泼水节总是与傣族的形象联系在一起，而那达慕大会也总是代表着蒙古族的形象。此外，宗教的固定传统节日，与庙会活动融合，成为该地宗教圣地或该寺庙的代表。例如，福建、台湾等地的“妈祖圣诞日”，几乎成为当地最隆重的旅游节事活动。

3. 短期性

对于某项节事活动来说，都有季节和时间的限制，都在事先计划的时段内进行。当然，节事活动的时间不是随意而定的，往往要根据当地的气候、旅游淡旺季、交通情况、主题的现状等条件，做出详尽而切实可行的计划。

4. 参与性

随着旅游业的发展，旅游者越来越注重参与性的旅游产品，旅游节事就是这样一种参与性很强的旅游活动。众多节事组织者想方设法拉近与消费者的距离，如上海国际服装文化节为充分展现国际大都市海纳百川的恢宏气势，以“发展经济，繁荣市场，美化世界，美丽自己”为宗旨，不仅使众多的服装企业、服装品牌能通过这一平台脱颖而出，造就更多的中国时装设计大师，而且注重市民和企业的参与，在淮海中路沿线相继演出16台缤纷多姿的时装秀。上海广场T型舞台的搭建与建筑风格交相辉映，其间灯光变幻，拓展了周边商家的商务空间，精心布局，巧妙地构筑了社区广场文化联动效应，为市民休假增添了高品位的文化娱乐套餐，同时又为探索社会文化活动的运作寻求到一个较为理想的结合点。

5. 多样性

节事活动的吸引因素、主题、表现形式具有多样性的特点。活动的内容可以有音乐舞蹈、服装展示、画展、土特产品展销、体育竞技、杂技表演、狂欢游街等各种形式，涉及政治、经济、文化、体育、商业等多方面。如2011年上海旅游节紧扣“2011中华文化游”主题，深度发掘上海城市文化精髓，将商业、体育、文化等元素融入旅游节活动之中，如上海购物节、上海旅游纪念品（礼品）博览会以及展现群众体育健身活动的九子大赛、旅游风筝会，还有体现城市特色文化的上海弄堂风情游、茶乡美食节等。

五、成功举办现代节事活动的宏观条件

具备一定的经济、政治、文化、制度等多方面的条件，是节事活动成功举办的宏观背景条件。

1. 开发的市场经济体制

节事旅游活动只可能存在于开放性的社会中，封闭的经济体系，会严重制约要素的流动，影响节事活动的形成和发展，开放的市场经济为节事活动的起源和发展提供了时空条件。大规模的人流和物流只有在稳定、有序的市场经济条件下才得以产生；只有在公平、开放的体制下，才可以发展节事旅游产品。市场机制运作和市场化发展模式是发展节事旅游产品的必由之路。

2. 发达地区的经济优势

发达的经济为节事活动的发展提供了坚实的物质基础，作为一种综合性的专项旅游产品，尤其是大型活动涉及交通、通信、娱乐、餐饮、住宿等相关行业，对配套设施和市政基础设施及市政管理提出了严格的要求。

3. 有序而稳定的制度

各国、各城市纷纷争办各种节事活动，共同目标是追求效益。如果制度不稳定，就会增加节事活动举办的制度成本和制度风险。营造一个良好的制度环境非常重要，许可节事活动的存在，政府在制度上提供必要的帮助和鼓励，有利于发展有本国、本地区优

势的节事活动。

4. **有特色的传统文化**

稳定的社会秩序和开放、包容的文化传统是节事产业形成和发展不可缺少的条件。一个具有开放意识的地区，往往能随着时代进步，鼓励开展彰显各种风格、不同文化传统的活动，实现节事经济产业化。

5. **热情好客的人文氛围**

亲善的氛围是发展节事旅游产品的又一前提。良好的人文环境能使来自世界各地的节事旅游者自由地接触当地文化，并在参与中融入当地生活，感受当地人的热情。高质量的服务水平，文明的社会环境，热情好客的友善态度，多元化的特质文化都会深深吸引旅游者和组织者，使他们成为回头客；反过来国际化的交流也促使当地人积极创造美好、卫生、健康、富裕的人性化生活。

任务三　节事活动的发展

一、国际节事活动发展概况

（一）发展概况

节事是跳出平常生活而存在的“特殊的”日子。从远古时候，人们就创造出了各种各样的方法来纪念这些重要的日子。表现形式主要有各种庆典、民俗节日、宗教节日、体育比赛、团体聚会等。直至今日，节事发展成为枝繁叶茂的庞大体系，从社区娱乐活动到国际级的大型艺术交流，表现形式多种多样。本节着重介绍节事活动发展较早的一些国家。

澳大利亚

澳大利亚节事发展的历史，可以追溯到18世纪晚期第一个“周年日”的庆典，随后各州的庆祝活动也相继开始。但直到第二次世界大战后，各种节事活动才得以迅速发展。20世纪四五十年代，市民节日开始兴起，许多城镇设立了自己的节日，澳大利亚现存的一些节事活动就产生于这一时期。1954年伊丽莎白二世到访活动、1956年墨尔本举办奥运会、1960年举办阿德莱德艺术节。20世纪70年代，澳大利亚出现“社区艺术运动”，出现大量多文化节日，如第一届Tamworth乡村音乐会、悉尼歌剧院开幕式等。1984年美国洛杉矶奥运会开创重大节事商业化运作模式以后，对澳大利亚节事发展也产生了深远的影响。进入20世纪80年代，澳大利亚节事尝试市场化运作并更加注重经济效益，到1988年，澳大利亚节事活动得到公共部门的支持，在此之前的大多数体育和文化节事活动均是由志愿者组织和管理。1982年，澳大利亚布里斯班承办了英联邦运动会、阿德莱德举办了世界一级方程式汽车大奖比赛、珀斯举办了美洲杯对抗赛等。从

1986年到1996年的十年间，澳大利亚各州围绕节事活动举办权展开了激烈的争夺，作为这种争夺的结果，各州纷纷建立了自己的大型赛事专门机构。如1985年，西澳大利亚州成立了（西澳大利亚）节事公司（Eventscorp），1988年昆士兰政府成立了昆士兰节事公司，1991年维多利亚州成立了墨尔本大节事公司，1993年新南威尔士州成立了新南威尔士特殊活动有限公司，1995年，南澳大利亚成立了澳大利亚大节事公司。这些公司负责把国际、国内的大型节事吸引到本地区举办，进行节事的招标，也参与节事活动的组织和管理。2000年悉尼奥运会的举办，极大地带动了澳大利亚节事活动的兴盛。

英国

英国节事活动的发展历史悠久，1851年的“万国工业博览会”堪称世界展会历史上的里程碑。该博览会历时5个月，观众600多万人次，标志着人类发现了一种国与国之间大规模文明交流的新形式。一年一度的滑铁卢杯野兔狩猎节，是英国猎兔赛事中最悠久、也是最精彩的活动，可以追溯到13世纪。

英国是世界上艺术和文化遗产最为丰富的国家之一，拥有许多享有世界声誉的剧作家、工艺师、作曲家、电影制作人、画家、作家、歌唱家、音乐家和舞蹈家，首都伦敦则是世界领先的艺术中心。文化艺术类节事是英国节事的主要构成部分。在第二次世界大战前，英国的文化艺术类节事活动只有十几个，据《英国的音乐节》一书记载，在1960年到1970年间，英国的音乐节蓬勃发展。到1981年，就拥有了200多个艺术类节事活动，1989年的英国官方年鉴提到了400多个艺术类节事。截至2005年，全年有650个专业艺术节在英国举行。其中，爱丁堡国际艺术节是世界上最为盛大的艺术节。艺术节在每年8月举行，持续3周。艺术节期间，举行了丰富多彩的演出活动。世界各国的艺术家们穿越国境，会集于此。这些艺术类角度和旅游发展相互促进，形成了明显的季节性分布，主要集中在每年的5~10月，此外，英国还举办了各种体育赛事，如温布尔登的网球“四大满贯”锦标赛、在安特里举行的世界上最有名的越野障碍赛马、网球公开赛、英式橄榄球联赛、伦敦马拉松比赛、谢菲尔德的世界职业台球锦标赛等。

韩国

自1988年韩国成功举办奥运会以来，通过节事活动韩国的经济得到很大的促进，形象也得到了很大提升。韩国实施文化带动经济和旅游发展的战略，利用各种节事活动拉动经济、文化和旅游发展。2002年，韩国和日本联合举办了“世界杯足球赛”，带动了节事活动的开发和举办。目前韩国节事繁多，根据韩国官方网站统计共收录主要节事活动近200项，主要分为：庆典、祭礼、传统节日和现代大型活动等。这些节事活动既有文化节、民乐庆典、首尔鼓节、传统酒和米糕节等弘扬传统文化的，也有如水原排骨节、全州拌饭节等推介韩国饮食特色的，同时还有时装节、摇滚舞节、演唱会、艺术节、电影节、跆拳道节等彰显现代化流行文化的，此外还有端午节等民俗节事。其中，釜山国际电影节、釜山国际艺术节、光州泡菜节等享有很高的国际声誉。此外，韩国还积极通过与中国联合举办“韩国周”推介产品、交流文化、促进双边旅游。例如，2005年5月在沈阳举办“韩国周”、9月份的青岛“韩国周”，特别是青岛“韩国周”期间举办了与韩国有关的科教、文化娱乐等80余项活动。此外，韩国文化、体育、观光均属于韩国文化观光部统一管理，这一体制为文化、体育、旅游类节事活动协同发展提供了保障。

芬兰

芬兰文化类节事众多，这些节事活动多依赖风景优美的旅游景点开展。2005年，芬兰退出80个国际艺术节，其中包括“西贝柳斯音乐节”和“拉赫提管风琴艺术节”，两者均以宏大的规模和高超的演出质量闻名于世。此外，在充满田园风光的东部湖区举办“萨翁林纳歌剧节”，在芬兰西部的波里市科克迈基河河岸举办“波里爵士音乐节”，在芬兰南部举办“纳坦利音乐节”等。

美国

1984年美国举办洛杉矶奥运会之前，只有一些零星的节事活动。奥运会首开了美国重大节事商业化运作的先河，对以后美国乃至全球的节事活动运作影响深远。例如，1987年，美国旅游协会（TIA）推出的“发现美国：国内旅游营销计划”中罗列了国内知名的一些节事活动；之后，还可见一些零星的节事活动记载。美国很多节事活动和城市营销、旅游发展等总体规划密切相关。在“我爱纽约”主题促销活动的大框架下，纽约举办了一系列的“我爱纽约”相关的节日活动。州政府也为这些活动提供了资金和技术等支持。例如，1989年举办的“我爱纽约盛夏节”。此外，在纽约“城市文化公园制度”的要求下，节事活动被作为这一计划的组成部分，以这些遗址公园作为节事举办场地，旨在“让人们的生活重返社区”。目前，美国最著名的节事活动有传统和体育运动相结合的“玫瑰碗游行”、商业运作最成功的“肯塔基州赛马节（KDF）”，以及大众参与广泛的“纽约梅西感恩节”等。

（二）发展趋势

未来，节事活动将是一个具有强大发展潜力的领域。从目前情况看，国际节事活动出现了以下主要发展趋势：

节事管理的国际合作日益密切。目前，节事国际化的趋势日益显现。国际节事相关组织如国际节庆协会（IFEA）等已经在全球发展会员和建立分支机构（在中国已经建立国际节庆协会的分支机构）。这种发展趋势不仅有利于各国不同节事之间的交流与合作，也有利于节事从业人员的培训和资格认证，提高节事的管理和服务水平，推进整个节事行业的形成、发育和规范。

节事发展与城市整体发展相连。城市营销、地区营销等理念，使节事活动不仅树立了城市形象、提升了城市知名度，也使节事发展日益成为城市整体发展战略的一部分。它以活跃城市经济、带动城市更新改造、集中体现城市文化和精神内涵，而受到各城市政府的重视，很多城市纷纷制定节事和文化产业发展规划。伴随着这种趋势，通过竞标申办的方式争夺节事举办权也将逐步流行。

社区类节事活动兴起。随着休闲时间和可支配收入的增长，节事已经成为当代社会不可或缺的休闲活动。对地方特色和文化遗产，特别是无形文化遗产的保护，以及旅游者对旅游“真实性”（Authenticity）的追寻，将会进一步促进依托于独特民俗风情的传统社区类节事活动的快速发展。

商业赞助成为举办节事的重要融资手段。在现代社会，随着广告等传统手段竞争的日趋剧烈，人们意识到节事活动作为“软媒体”具有广泛的社会影响和传播效益。大型企业会转而赞助节事活动，借以树立企业形象、改善公共关系、提高产品知名度、带动产品销售、改善社区关系。企业越来越热衷赞助节事活动，使得节事赞助变得越来越普遍，未来这种赞助将会从体育、演艺类节事逐渐向其他类型节事扩散。

（三）国际节事活动的历史回顾

从远古到19世纪初，在人类漫长的岁月里，形成了诸多丰富多彩、形式各异的节日风俗，这些节日风俗都是伴随着历史的发展而形成的，反映了各个民族生息、发展、进步的过程。节事活动最初源于人类的节日风俗。所谓“节”，一般是指一年的气候变化，也有以纪念某一重大事件而成为“节”的。节日风俗的形成过程，大致是根据生活的需要，经历了由不自觉到自觉，由不定型到定型，逐渐发展和补充的过程。从有时间记载开始，人类还用各种方法来标示他们生活中的重要活动，如成人仪式、部落成立庆典等。其内容有生产方面的、有祭祀类的，有表彰、庆贺性质的等。古代的旅行家、学者、商人、传教士等都可算作现代节庆旅游的先驱。但这一阶段的节事活动并不是真正意义上的节事旅游，因为这一时期，真正的旅游业并没有形成。

19世纪40年代以后，随着托马斯·库克成立世界上第一家旅行社，旅游作为一种广泛的社会现象在世界兴起，并逐步成为人们日常生活中不可缺少的部分。“二战”后，特别是进入20世纪60年代以后，世界的旅游业进入高速发展时期，并迅速成为许多国家的支柱产业。节庆和重大活动越来越受到人们的青睐，每一个国家都有自己的多种节庆，许多国家如瑞士、印度等甚至被称为节日之国，节日游成为旅游最常见也最丰富的活动类型之一。狂欢节经过750多年的发展，这个基督教结束斋戒的宗教性节日已发生了巨大的变化，成为充满世俗风情的欢庆大典，“让大家都来欢乐”成为节日举办者的宗旨，每年吸引了数百万人参加，许多游客大量涌入。有着400多年历史的斯威士兰王国芦苇节实为选妃盛典，传统的内涵与现代的气息不仅使其成为一年一度的盛大节日，也成为这个非洲南部小国最吸引游客的一个热点。

（四）国际节事活动的特点

1. 节事活动旅游已成为世界旅游业的一个重要组成部分

如今，世界各国政府非常重视节事旅游的发展。由于节日和重大活动影响着全世界，很多国家的大城市都纷纷争夺大型活动的举办权，如奥运会、世界杯、F1 方程赛等。一些协会也纷纷举办各种大型活动，如博览会、节日庆典、游行、庆祝、周年纪念日、体育运动、义演活动等。举办这类活动可以一举两得，既是旅游淡季吸引游客的有力手段，又能为举办地树立形象，提高其知名度。

2. 专业的节事管理和全年运行的活动组织应运而生

节事活动管理正在脱颖而出，人们运用现代化的手段进行促销和管理，促进节事活动逐步走向职业化。随着活动为各种目的和议程服务的内涵不断扩充，活动的发展使活动行业成为一个新兴行业，它能够产生经济效益和不断提供新的就业机会。美国活动组织专业人士中有 60%取得学士学位，有 10%取得硕士学位，人们有理由相信，与美国一半就业人口的教育水平相比，还是组织管理领域中接受过高等教育的专业人员人数比率高，这也意味着只有在正规教育、培训加经验的保障下，才能获得职场竞争的成功。

由于节事活动的数量在不断增多，为获得提供服务的工作人员及志愿者不断涌现，随着又出现了职业协会、教育和培训计划、职业资格认证等。下面列举一些国际知名的节事活动协会：国际特殊活动协会（ISES，主要处理公司和商业领域的活动）、国际节日和活动协会（IFEA，更关心公众娱乐和消遣的节日和活动）、新南威尔士节日和活动协会（NSWFEA，组织行业会议）、澳大利亚会议行业协会（MMIAA，为行业提供培训）等。

世界各地如美国乔治·华盛顿大学、内华达大学、澳大利亚悉尼大学、中国香港理工大学等 150 多所学院和大学开设了与活动组织管理研究相关的课程，颁发职业资格认证证书。就拿职业证来说，全球 14 所院校和大学接受乔治·华盛顿大学活动职业资格认证课程教学。活动组织专业人员获得的高级职业证书范围越来越广，如活动组织职业资格证书、会议职业资格证书、展览会职业资格证书，以及相关领域的资格证书。国际大型活动组织协会在加拿大政府研究经验的基础上制定大型活动组织专业人员职业资格认证项目（CSEP），获得 CSEP 资格认证的称号，是一名活动组织经理人在培训、经验等方面达到最高层面的证明，也是活动组织经理人职业水准得到活动组织管理行业的同行们一致认可的标志。

3. 赞助商和志愿者是节事活动取得成功的重要因素

赞助是节事活动的重要组成部分，是赞助商为举办某项活动的人提供资金。没有赞助，地方、国家乃至国际活动都将难以维持。赞助已经成为重大的商业行为，确实能为活动提供需要的资金并帮助组织者获得所需的质量名单。作为一项商业交易，他们也必须得到相应的投资回报，要求组织者承诺提供一定数量的市场营销资金，要求每日最低限度的接待服务。获得争取更高荣誉的机会，是活动组织者与赞助商能够结成同盟的最重要的一条理由。如果某个活动能够得到 IBM、可口可乐以及《财富》杂志评选的世界前 500 强企业的赞助的话，那这个活动可以立即升格为备受尊崇的重大活动；同时，此活动的组织管理公司也会得到其他来源的资金支持。

志愿者是取得成功的关键因素。志愿工作是指任何人自愿奉献个人时间和精力，在不为物质报酬的前提下，为推动人类发展、社会进步和社会福利事业而提供的服务。志愿活动在世界上已经发展和存在了100多年，根据国际节日和活动协会提供的报告，周末活动参与者平均为22.2万人次，需要大量志愿者做大量的工作，没有志愿者，大多数活动将无法进行。在2001年上海APEC会议期间，约有2万来自各行各业的人士加入了志愿者行列；2010年上海世博会招募志愿者超过20万人。

综合运动会的组织工作并非只有竞赛范畴，除了把比赛的各项工作做好，组委会还需要在信息科技、传媒服务、电视转播、开幕及闭幕式、保安安检、医疗药检、交通安排、运动员及嘉宾接待、公关、礼仪、文化活动等一系列的工作范畴提供合乎国际规范的服务。因此，国际上所有大型综合运动会，都需要大量志愿工作者执行。组织一批有专业知识、有奉献精神、有国际视野的志愿工作者团队，是大型活动得以顺利进行的保证。

（五）国际节事活动发展的若干趋势

1. 节事活动将更受人们欢迎

就全球范围而言，各国对节庆旅游和大型活动旅游的重视程度在迅速提高。许多瑞士大旅游批发商认为，传统的团体多地周游观光已经失宠，这种旅游形式越来越多地被散客旅游、家庭小团体和专项旅游所取代。目前的消费倾向在明显地向专项旅游发展。一些重大活动产品和重要的专项产品，如大型节庆活动及音乐、文化等活动受到大小批发商们的普遍重视。有些大批发商（社）为节事活动设了专题部门，如ITV旅行社设了文化旅游部。瑞士公民目前17种旅游种类方式中“经历节庆、活动”这一项位居第七，可见节事活动的概念已深入民心。节事活动和由此产生的纪念旅游是人们享受休闲时间的最佳方式之一，随着社会的进步，越来越多的人参与放松、休闲、娱乐的节事活动。

世博会最重要的功能是取悦人们，这是举办世博会最重要的一个目的。近年来，世界各种展览会上的娱乐区和展示厅都在变化，向人们更多地提供娱乐和消遣的方向发展，现在人们有着更多的娱乐选择，世博会也已经发现了提供信息取悦人们的新渠道。比如，“2005年爱之世博会”的官方网站就设计得非常卡通化和娱乐化。

2. 节事活动将更为综合性和多样化

在当地的节事活动中把服饰、饮食、游艺竞技、民间工艺等有机结合起来，一方面可以丰富节事活动的内容；另一方面还可以促进当地旅游资源综合开发，既充分利用当地的公共设施、商店、市场，又促使投资、经济开发、基础设施的改造，使现有的资源发挥更大的经济效益、社会效益和环境效益。

3. 节事活动将更为品牌化和专业化

节事活动品牌在旅游业中扮演十分重要的角色，它本身就是一种旅游吸引物。美国的玫瑰花节、意大利的狂欢节、马来西亚的国际风筝节等都对本国会展业和旅游业的发展起到了不可替代的作用。随着节事活动的发展，出现了专门的节事活动管理部门，专业化管理将日益显示其重要性，专职管理部门已成为会展业和旅游业发展最快的一个机构。活动管理正逐渐形成一个领域，变得越来越专业化，而且活动管理部门在客源地也设立了办事处进行全年的运营，为当地提供了很多新的就业机会。

4. 节事活动宣传力度将更为加强

节事活动的国际竞争，将引起各国宣传促销力度的不断加强。世界著名的西班牙奔牛节在举办之前，政府会印制大量的日程表和节目单，便于国内和国际游客挑选自己喜欢的项目；日本交通公社等大型旅行社提前5年就把国内的节庆计划公之于众，做超前的宣传促销是著名节庆获得成功的基础。

二、国内节事活动发展概况

（一）发展历程

兴起原因：作为历史悠久的文明古国，我国本土起源的传统节事同样源远流长。但是作为一种当代的文化产业现象，我国节事的发展基本上可以追溯到1978年改革开放以后。我国节事活动兴起的原因主要有三个：第一，改革开放后，各地的经济发展水平和居民消费水平不断提高，休闲和娱乐消费需求兴起。第二，随着市场经济的发展，各地政府更加注重招商引资工作，借助各类节事活动提升地方知名度、打造地方品牌的意识增强。第三，旅游业蓬勃发展需要旅游营销活动向纵深发展，节事成为旅游营销的良好手段。在国内，各类节事活动，特别是文化、艺术、体育等节事活动，其建立之初就以推介本地旅游线路和产品、树立旅游目的地形象而设立，现在依然是依托景区开展活动。鉴于以上三个原因，节事活动在上层和基层都有了发展的需要：在上层，有政府推介地方、活跃经济、发展旅游的动机；在基层，有公民娱乐消费的休闲需求。“上下齐动”使得20世纪80年代中期以后，我国通过重新策划或者对传统节事重新进行包装，策划组织了一大批节事活动。

发展历程：20世纪80年代，节事活动承担了庆祝和娱乐的休闲功能，同时也是地方招商引资的重要手段。在迫切的经济发展动机下，有识之士提出了“文化（节事）搭台、旅游（经济）唱戏”的招商引资思路。于是，各地以政府为主导，纷纷创办了很多的旅游节事活动。据现有资料，1983年首次举办的洛阳牡丹花节、1984年举办的潍坊风筝节、1985年创办的哈尔滨冰灯节、1987年举办的吴桥杂技节、1989年山东举办的首届孔子文化节、1989年大连创办的大连服装节等，都是最早的一批节事活动。在发展初期，中国的节事活动多由政府出面主办，具有浓厚的官方色彩，活动内容相对单一，主要来源有两个：一是采用“老瓶装新酒”的方式，提升当地传统节庆；二是依托当地经济文化现状创立的新节事。

进入20世纪90年代，随着市场经济目标的确立，经济社会领域发生重大变革，也反映到节事发展中，此时节事发展出现了以下趋势：首先在节事发展中以特色产品、特色产业为依托的经济类节事主题增多，如各类啤酒节、服装节、花卉节等的兴起。地方政府作为节事的主办者更加注重节事对地方形象提升和旅游推广的功能，因此纷纷创立和改造各类节事活动；其次在节事组织形式上也逐渐发生了变化，出现了对节事举办形式市场化的探讨，提出了政府主导、企业承办、社会参与等运作模式。这一时期我国节事活动发展非常迅速。据粗略统计，1991年新产生的旅游节30多个，为1987年的3倍。同一主题节事活动也迅速发展，一时间全国风筝节就有近10个之多。根据1991年的《中国旅游年鉴》记载，当年全国著名旅游节事活动88个。其中哈尔滨的冰雪节、广州的元宵花市等最为著名。1992年，全国推出了近100项节事活动。例如，昆明的中国艺术节，广州、上海、南京、杭州、成都、济南、厦门等地举办的各具特色的美食节，北京、上海、广州举办的中国旅游购物节，广州举办的中国旅游艺术节等。1995年中国“民俗风情游”主题年活动极大地推动了全国景点旅游的发展。

进入21世纪后，北京申办2008年奥运会、上海申办2010年世博会、广州申办2010年亚运会均获成功；2001年上海APEC和F1汽车拉力赛成功举办、沈阳2006年国际园艺博览会成功举办。据统计，2005年全国各类节事活动已经达到5600多个，并且形成了一批知名节事活动，如大连服装节、青岛啤酒节、南宁国际民歌节、上海国际艺术节等。很多节事活动在举办过程中尝试了新的运作模式，也有很多节事活动开始把目光投向国际，力争打造国际性节事品牌，这些都表明我国节事活动正在向纵深发展。

（二）发展趋势

从国内节事活动的发展趋势来看，以下五个方面是值得注意的。

多元化趋势：目前节事活动出现了多元化发展趋势，从主题上来讲，电视节、电影节、艺术节、狂欢节、休闲旅游节、民俗风情节等多样化并存；从主办者来讲，政府主办、企业主办、社团主办、社区主办的各类节事并行不悖；从内容来讲，从产品销售推广、群众文化活动、大型演艺活动、文体盛世、比赛探险等不一而足。进入21世纪以后，中国节事面临的这种多元化发展趋势，必将推动节事主题的迅速分化，进而带动节事的市场化和专业化运营。

市场化趋势：随着市场经济的发展，节事作为一种文化产品，不可避免地要遵循市场规律。节事的市场化可以理解为两层含义：第一，节事筹资的多元化。第二，节事举办的公司化（专业化）。目前，在很多节事举办过程中，国内举办者逐渐树立了“投入—产出”概念，注重节事的赞助招商，吸引大企业、大财团和媒体的参与，通过政府主导、企业运作的思路，正在探索以节养节的市场化发展模式，围绕节事活动举办，逐渐形成了新的“节事经济”和“节事产业”。

产业化趋势：产业化趋势是节事市场化运作的必然结果。节事市场化运作中，节事的策划、筹资、营销、物流、现场管理、舞台布置以及影响评估等都会交给不同的专业公司和机构承担，同时节事举办还带动了鲜花、礼仪、会务、彩车制作等各个行业的发展，这些行业聚集在一起形成了一个固定的行业，即“节事产业”。

国际化趋势：在目前政治、经济、文化国际交流日益频繁的大环境下，节事发展出现了国际化趋势。节事是一种开放性的文化活动，对地方文化具有超凡的表现力，天然的具有吸引外来游客流入的巨大吸引力。同时，在市场经济中，节事的可持续发展不仅依赖于其文化生命力，也依赖于其良好的市场运作。节事运作日益专业化和市场化的今天，很多地方也非常重视借鉴国际经验，派人出国学习、观摩、交流，邀请国际友人参与节事活动，进行市场营销。

专业化趋势：随着节事主题和内容的多元化，节事主题涉及展会、演出、赛事、旅游、营销等不同领域，不同主题节事具体运作方式之间存在很大差异，客观上需要进行专业化运作。同时，节事活动在近 20 年的发展中，由于政府的大包大揽运作方式出现了很多弊端，节事活动的组织者们也在积极探索求变，希望进行节事专业化管理。此外，节事相关企业，如节事策划、礼仪服务、展会布置、节事管理等公司的兴起为专业化发展提供了可能。例如，宁波服装节取消了开幕式晚会，以区别于综合性节事。这种专业化发展的趋势将会大大提高节事举办的效率和水平。

（三）我国节事活动发展的状况

随着中国现代旅游业的发展，旅游节事活动也伴随着一般性旅游娱乐从无到有地成长起来，在一些人工旅游景点中，从观赏性的表演到最后以有空参与为主的所谓“大家乐”活动，计划成为必不可少的因素，而宣传和推出各具特色旅游节事，更成为 20 世纪 90 年代以来中国招徕国际旅游者、开发节事旅游资源的重要内容。

1. 我国节事活动的发展历程

（1）形成时期。节事活动在中国可谓源远流长，从远古时期到 20 世纪 70 年代末，经历了一个从萌芽到成形的漫长的历史过程。这一时期是人们根据生活需要从不自觉到自觉自发组织节庆活动。中国有许多节日起源于礼尚往来的中华民族的传统美德。如春节活动，是一个综合性的盛大节日，每年农历正月，正是农闲季节，人们在一年辛勤劳动之后，需要休养生息，总结经验，所以把春节活动，作为庆祝丰收、展示成绩、交流信息的日子来庆祝。而且天气也慢慢地暖和起来，适宜举办大型的娱乐活动，元宵节闹花灯充分说明了人们对生活的热爱，通过花灯来大显技艺。而少数民族的节日受地域性的重要影响，体现出不同民族的特殊风貌和独特个性。如彝族每年“虎月”（阴历七月）的“火把节”的主要活动就是“打牛”，并在晚上开展斗牛、摔跤、跑马和弹月琴等活动，表现出彝族人民勇敢、强悍的民族性格。这一时期节庆活动属于民间自发活动，即使有寻求节庆体验的旅行者，也仅仅是少数的个人旅行，还没有形成真正意义上的旅游。直到新中国成立后现代旅游才在中国起步，接待的游客多为外国人和港澳同胞、海外华侨，他们对中国的民俗风情非常感兴趣，但由于种种原因，一段时期内我国旅游发展水平有限，甚至出现了停滞和倒退。

（2）起步时期。改革开放后，中国在各方面进入了一个全新的发展时期。从1979年到1990年，旅游事业的大发展充满了无限的生机和活力，以国际旅游为主导，以国内旅游为基础，协调发展，共同促进，成为我国旅游业发展的大格局。在改革开放初期，节事活动所占的比重不大，基本上都是作为观光旅游的补充。因此规模一般都比较小，数量少，而且以传统的节庆活动为主。从20世纪80年代后期开始，游客在观赏风景的同时，可以欣赏到民族歌舞。比如，彝族传统的火把节更增添了云南石林的吸引力，当地的男女老幼穿上节日的盛装，小伙子弹起三大弦、吹笛子，姑娘们则合着音乐翩翩起舞。还有传统的斗牛和摔跤活动，夜间，人们舞动火把，祈祷幸福，围着篝火唱歌跳舞，通宵达旦。这种大规模的喜庆活动将游客的整个旅游活动推向高潮，大大地增强了云南石林在世界旅游市场的知名度和吸引力。但由于当时对旅游资源和旅游产品的开发在认知上有局限性和片面性，还没有认识到节事活动对中国会展业的重要性，以及它们对旅游发展的重要性，所以，这一时期的节事活动发展缓慢、节事旅游处于起步阶段。虽然各地都举办了各种各样的节事活动，但总的来说，对节事活动这样一个专题旅游资源和专项旅游产品重视不够。

（3）发展时期。从1991年以后，我国的旅游资源开发和保护工作进入突飞猛进的阶段。国家旅游局借鉴国际上举办大型主题年活动的成功经验，举办一系列旅游年活动，在全国各地推出的旅游专线中配合了丰富多彩的文化节庆活动，很好地展示了我国作为世界著名文明古国的风姿，逐渐形成了在国际上有一定影响的节庆活动，如云南西双版纳的泼水节、云南石林的火把节、大理的三月街、贵州的蜡染艺术节、哈尔滨的冰雪节、潍坊的国际风筝节、青岛啤酒节等，这些活动对吸引旅游者、推动当地的经济和旅游发展起到了有目共睹的作用，人们对节事活动重要性的认知在实践中不断得到提高和深化。

2. 我国节事活动的发展特点

（1）数量由少到多，规模从小到大。在我国20世纪80年代末，随着改革开放的不断深入，地方经济发展活力增强，人们物质文化生活水平日益丰富，从老百姓来看，需要找到一种形式来表达富裕的喜悦心情，节事活动便如雨后春笋般迅速发展起来。尤其进入20世纪90年代，中国旅游业逐渐意识到节事活动的重要性，节事活动规模明显扩大，仅1997年中国旅游业就推出了48个节事活动，1998年华夏城乡游着重办好了23个节事活动。如今国内举行的节事活动仅各类文化节每年就多达5000个，节庆总数超过1万个，节庆活动成为活跃和丰富各地精神文化生活的重要形式，宴会、舞会、家庭聚会等小型活动更是不计其数。

（2）内容从单一化到多样化。在节事旅游发展初期，由于经验不足、配套设施不齐等原因，各个活动和景点的内容比较单一。近年来，有些地方还举办了祭孔等大型的历时数天的文化活动，吸引了大量中外游客。有些旅游活动与体育竞赛、经贸活动结合在一起，具有更丰富的意义。许多星级饭店推出了民族文化节、艺术节、音乐节、时装节、美食节等活动，既给饭店带来良好的经济效益和社会效益，也弘扬了我国优秀的民俗风情。总的来说，中国节事活动中传统的旅游项目吸引力较大，富有特色，但缺乏具有现代气息的狂欢节。在国外，狂欢节是表演艺术展示的最好舞台，我国也开始尝试这样的节事活动，如上海旅游节的花车大巡游和开幕式露天狂欢晚会，数万名游客激情表演，场面十分火爆。

（3）参与方式从旁观欣赏向参与发展。最初介绍旅游在节日内容上主要由旅游部门安排，而且很少作为独立的旅游项目，仅作为其他类型活动的补充。随着游客旅游需求的多样化，旅游者越来越喜欢参与性的节日，亲身体验当地的民俗节日庆典，了解风土人情，从中体会到传统的旁观式旅游所体会不到的乐趣。比如，在众多的音乐节、啤酒节、美食节中，游客们往往能饱眼福、耳福、口福，多感官体验旅游，旅游者既是观赏者，又是主动参与者，大大提高了节事活动的吸引力，效果相当好。

（4）组织层次从初级向高级发展。由于中国会展业和旅游业起步较晚，在开发层次上往往处于初级水平，而节事活动开展更为落后。经过多年的实践和探索，节事活动正逐渐从初级阶段向高级阶段发展，也就是说，向专业化和市场化的方向发展。许多地方政府专门设立大型活动管理部门，负责大型活动的策划、组织、宣传和发展。在加强节事活动开发和管理实践的同时，对节事活动开发的理论研究也从无到有，在一些报纸杂志上出现了对节事活动的研讨，也有一些相关的教材书籍出版。不过与国际同类的节事活动相比，中国节事活动的发展还存在着一定的差距。

3. 我国节事活动存在的主要问题

举办“以节招商，文化搭台，经济唱戏”的节事活动，以此来推介具有地方特色的旅游资源和产品，塑造城市整体形象，促进城市经济和社会事业的加速发展，已在全国形成了热潮，并渐渐形成了一种政府显示政绩的“时尚”。在我国节事活动层出不穷、愈演愈烈的时候，不难看到其中泥沙俱下以及鱼龙混杂的状况，综合分析，我国节事活动中存在的问题主要有：

（1）节事活动数量众多，呈现遍地开花的趋势，但品牌知名度低，走向国际化的节事活动较少。目前在我国，大到北京、上海这样的直辖市，小到较小的行政区县，几乎都有节事活动，而且举办的数量和次数还有继续增加的趋势。这说明各城市都已认识到举办节事活动能够带来诸多积极效应。但是综观我国目前举办的名目繁多的节事活动，尤其是与国外比较成功的节事活动相比，不难看出我们的节事活动品牌知名度低，举办届数短，能持续举办并发展成为国际节事活动的则更是凤毛麟角。目前我国高规格、大规模、高品位、高档次，并已成为城市的形象工程和著名品牌的节事活动，仅有为数不多的几个，如 1983 年到 2011 年已经成功举办 29 届的山东牡丹花会，自 1991 年成功举办了 21 届的青岛啤酒节等。

（2）地域分布不均衡，东部多，西部少。节事活动的举办与城市社会经济的发展有着密不可分的关系。我国社会经济的发展在地域上存在着较大的差异，使得城市的节事活动在空间上也出现了分布不均衡、东部多、西部少的格局。

（3）主题选择上撞车现象比较多，特色节事活动较少。地理相邻的地域由于自然条件、地理环境、历史文脉等多方面的共通性，从而导致在资源方面的相似性。特色原则遵循不了是导致很多城市节事活动寿命短或效益不好的首要原因。而对现在我国节事活动的参加者来说，活动的主题是否具有特色是产生吸引力的根本所在。节事活动要做响，市场要做大，靠的就是独特的主题。而现在我国的节事活动在主题选择上大多雷同。比如，以茶文化为主题的节事活动，就有日照茶博会暨茶文化节、中国重庆国际茶文化节、中国安溪茶文化节、蒙顶山茶文化节、普洱市茶文化旅游节、湖北国际茶文化节等几十个。

（4）一些节事活动政府干预过多，市场作用尚未发挥，节事绩效不显著。从根本上来说，节事活动是一种经济现象，在实行市场化运作上，应当遵循“资金筹措多元化、业务操作社会化、经营管理专业化、活动承办契约化、成本平衡效益化、管节办节规范化”等市场经济的基本规律和原则，否则，真正的市场化运行机构，以及由此为基础而取得的节事活动绩效就无从谈起。

（5）节庆活动经济文化结合力度不够，文化内涵尚有待发掘。节事活动与社会经济发展相结合是其生命力所在。现在的节事活动几乎无一例外以“文化搭台、经济唱戏”为宗旨。但是，在追求经济效益的同时往往忽略了文化内涵的发掘。如传统的节事活动中加入了许多的商业炒作成分，中秋仅是月饼大战，重阳忘记登高和赏菊。不管什么主题的节事活动，大多为一些模特大赛、演唱会、健美比赛等与主题相关性不大的活动。这样的活动虽然热闹，能吸引人，但是几乎缺乏深厚的文化内涵。节事活动里过多地包含相关性不大的活动，短时间内可能会增加亮点，但长远来看会有损节事活动的主题。

（6）公众参与不理想，效益不显著，当节庆活动被迫戴上种种光环的时候，节庆最根本、最核心的因素却被遗忘了，那就是“群众参与”。事实上，在节庆活动中，“人”才是最重要的因素，而国内的很多节庆活动显然把这一点给忽略了。在群众眼里，节庆变成了遥不可及的“明星”，永远只能仰视它的美丽。吴必虎曾指出：“即使有群众参与，很多节事活动也往往带有较强的‘官方色彩’，观众只能作为‘与君同乐’的陪衬人的身份出现。”他指出，我国77%的节庆活动的公众参与人数少于30万，对于有着13亿人口的泱泱大国来说，这个数字太少了，加上重复办节，造成大量的人力、物力、财力的浪费。

（7）传播是“盲区”。很多走向国际的大型节庆活动都非常注重市场传播的作用，并且已经积累了大量的市场推广经验。但是对于很多“年轻”的节庆活动来说，动辄投入上百万元甚至上千万元，效果却不尽如人意，这样的例子不胜枚举，尤其是那些刚刚创立的需要大打品牌的节庆活动，它们并非不知道传播的重要性，而是不知道如何进行有效的传播。

4. **我国节事活动开发与管理的建议**

（1）加强节事活动宏观调控和指导。针对我国节事活动的举办往往是依托于当地最具优势的资源和物产，在策划中必须强调因地制宜，强调宏观调控和指导，促进节事活动的时空分布和类型更趋合理和完善，并形成良性的竞争态势。

（2）强化节事活动促销与城市目的地营销。节事活动时间短，产品性质特殊，临时调整难度大，对促销的要求高，除一般促销手段外，还应聘请专业性中介公司，努力推进市场化和专业化运作。与此同时，还要充分发挥节事活动在地方品牌化中的作用，将节事活动作为城市特殊的营销战略或城市目的地营销计划的组成部分，融入城市营销和营销城市的活动中去。

（3）政府部门应逐渐退出节事经营，渐进式地推进市场化运作。由于我国节事活动的发展起步较晚，市场运作机制不够完善，市场经济不够发达，还有很多计划经济的影子，许多节事活动带有明显的政府主办、政府安排的现象，使企业难以放开操作。在市场营销方面，由于政府处于经营管理的主角，从某种程度上说是一种“垄断”，企业无法进入，资金的来源也基本靠政府拨款，缺乏科学的市场意识、管理意识和竞争意识，造成市场化的资金筹集方式没有受到相应的重视，往往出现大量浪费，不仅不能产生经济效益，甚至还会造成大量亏损。

会展节事活动的可行性方案

项目二

导读职业能力目标

掌握节事活动可行性研究的内容和工作流程；能准确地对节事活动项目进行市场调查、市场预测及分析；能编写节事活动项目可行性研究报告。

任务导入

你所在的城市中即将举办一项有代表性的节事活动，现需要为该节事活动编制一份可行性分析研究报告，为节事活动举办者提供必要的项目立项。你应该从哪些方面开始着手编制可行性研究报告呢?

任务一　可行性研究的概念

会展节事活动通过可行性分析论证及据此做出的正确决策，是决定是否可以举办该项目的最终依据。可行性研究，是在活动项目策划书完成初步设计后，通过对节事活动项目的经济性分析，完善和调整活动项目策划的方案。它既包括对节事活动项目的市场需求和潜力的调查及对未来发展前景的预测，也从经济、技术的角度对活动项目的可行性进行论证，从而回答活动项目是否要进行的问题，为决策者的最终判断提供科学的依据。

一、可行性研究的含义

可行性研究（feasibilstudy）又称作可行性分析，是指通过对项目的主要内容和配套条件，如市场需求、资源供应、建设规模、工艺路线、设备选型、环境影响、资金筹措、盈利能力等，从技术、经济、工程等方面进行预测，从而提出该项目是否值得投资和如何进行建设的咨询意见，为项目决策提供依据的一种综合性的系统分析方法。

节事活动项目的可行性研究是指在活动项目启动之前，对与活动项目有关的自然、社会、经济、技术资料进行调查研究，分析比较可能的方案，预测评价节事活动项目的社会效益和经济效益，并在此基础上，综合论证活动项目投资建设的可行性和必要性，财务上的盈利性和经济上的合理性，从而为投资决策提供科学依据的工作。可行性研究是节事活动项目启动之前的重要阶段，为了避免盲目投资，造成资源浪费，会展节事活动项目组织者需要对即将启动的项目进行可行性研究，结合自然、社会、技术和资金等方面的制约条件，为活动项目决策提供可靠的依据和可行的建议并明确问答活动项目是否应该投资和怎样投资。

二、可行性研究的作用

对节事活动进行可行性研究的主要目的在于为投资决策者从技术经济等多方面提供科学依据，以提高活动项目投资决策的水平，提高活动项目投资的经济效益。具体来说，节事活动的可行性研究具有以下作用：

1. 是节事活动投资决策的依据

一个节事活动的成功以及效益如何，受到自然、社会、经济、技术等多方面不确定因素的影响，而节事活动的可行性研究，有助于辩证地分析和认识这些因素，并依据分析论证的结果提出可行的或合理的建议，从而为节事活动的决策提供强有力的依据。

2. 是项目资金筹集的依据

大型节事活动项目只靠自身投入是远远不够的，像一些动辄投入几十亿、几百亿元人民币的大型活动项目，更需要政府、银行、金融机构等的大力支持。政府是否对一节事活动进行财政拨款，是根据投资该节事活动是否有经济效益或社会效益产出；银行是否给节事活动项目贷款融资，是根据这个项目是否能按期足额归还贷款。政府财政部门和银行只在对贷款项目的可行性研究进行全面细致的分析论证之后，才能确认是否给予拨款或贷款。

3. 是寻找合作单位，签订合作协议的依据

节事活动项目举办单位包括主办单位、承办单位、协办单位、支持单位、赞助单位等多个法人主体，一般来说除了协办单位、支持单位与主办单位关系相对松散外，其他法人主体之间都要签订合作协议。节事活动的可行性研究是相关合作单位最看重的，是相关合作单位进行谈判，签订承包合同、设备订货合同、原材料供应合同、销售合同等的重要依据。

4. 是编制计划、进行建设的依据

在可行性研究报告中，对节事活动的活动方案、规模、流程、招商招展方案、宣传推广计划、时间进度计划、相关场地总体布置等都做了详尽的分析和论证。因此，在节事活动的可行性研究得到审批之后，便可以作为节事活动编制计划、进行建设的依据，项目的总体方案和建设可以根据可行性研究报告进行编制。

5. 是节事活动完成后评价的依据

要对节事活动进行活动全过程的事后评价，就要拿节事活动的可行性研究报告作为参照物，作为节事活动完成后评价的对照标准。尤其是节事活动的可行性研究中有关效益分析的指标，无疑是节事活动日后评价的重要依据。

6. 是节事活动组织管理、机构设置、人力资源配置的依据

在可行性研究报告中，对节事活动的组织机构设置以及人力资源的配置等都做出了安排，而这些安排则可作为节事活动在具体实施过程中进行组织管理、机构设置和劳动定员的依据，以避免人力、物力的浪费。

三、可行性研究的特点

1. 客观性

节事活动的可行性研究必须尊重客观情况，在论证项目是否可行时要客观和公正，以保证可行性研究的科学性。要按照客观情况对调研的数据、信息及行业发展现状和趋势等材料进行论证和评价。不能先做出项目可行的结论，再以此结论为基础来拼凑材料与信息。

2. 深入性

深入性是对于节事活动可行性研究的深度要求。虽然不同行业和项目的侧重点不同，但对项目所涉及的各种信息的调研应具有一定的深入性，调研的深度必须要满足项目决策的需要。

3. 科学性

可行性报告内容要真实、完整、正确。研究目的要明确，研究过程要客观，要应用各种科学方法、科学推理，得出明确结论。可行性研究报告的结论要建立在定量分析基础上，这些定量化数据是根据科学技术和经济学原理，在调查研究基础上计算出来的，具有科学根据，是经得起时间考验的。

4. 全面性

节事活动可行性研究的范围应涉及项目所相关的社会、经济、环境等各个方面，特别是项目所涉及的相关产业和行业的全部基本信息，研究的内容必须完整，资料和信息必须齐全，以便为项目决策提供相应的依据。

总之，可行性研究的根本目的是实现项目决策的科学化、合理化，减少或避免投资决策的失误，提高社会、经济、环境效益。可行性研究是围绕市场需求、资源供应、投资规模、招商招展、推广宣传、资金筹措、经济效益、盈利能力等，从经济、技术、方法、手段等方面进行调查研究和分析比较，并对项目运营后可能取得的财务、经济效益及社会环境影响进行预测，从而提出该项目是否可行的建议，是项目决策提供依据的一种综合性的系统分析方法。具有预见性、公正性、可靠性、科学性的特点。

任务二　会展节事活动可行性研究的内容、流程

节事活动的可行性研究内容以项目的效益性为核心，围绕影响节事活动项目的各种因素，运用前期调研所得的各种信息来论证项目是否可行。研究的内容要求全面、翔实、深入，分析要求科学、系统，对整个可行性研究提出综合分析评价，指出优缺点和提出建议。

一、会展节事活动可行性研究的内容

（一）节事活动背景分析

节事活动背景分析是节事活动项目可行性分析首要的和基本的内容之一，在整个可行性分析中具有总论性质。其主要内容是对某一节事活动的基本情况做一般性的概述，主要包括该节事活动项目立项的依据、立项的必要性和经济意义以及立项的打算和主要技术经济参数。节事活动项目立项的依据主要包括分析活动项目设想与立项的宏观与微观背景，概述与活动项目有关的政治、经济、社会、财政、金融、产业政策以及活动项目运行后对国家、企业的经济效益和社会效益的影响。

1. 宏观环境

节事活动目的是为了给活动参与者就某一共同关注的焦点或热点问题提供交流合作的平台。因而，在活动项目的选择时首先就要考虑会展项目的社会宏观环境。只有密切结合政策导向和经济、文化发展状况等社会宏观环境的会展项目，才能最大限度地引起社会公众的关注，产生较为广泛的社会影响和较高的经济效益，从而实现会展项目的具体目标。

我们在进行节事活动项目的可行性研究时应考虑和分析的宏观环境因素包括政策导

向、社会经济环境、社会文化环境和时代因素。这些反映社会、经济发展状况，具有鲜明时代特色的宏观环境因素是前期调研和信息收集工作中必须要获取的信息资源，并以此作为项目选择所必不可少的决策依据。

（1）政策导向分析。节事活动项目的举行要涉及会展行业以外的其他行业和会展项目举办地的地域范围，因而会展项目的举办要涉及政治环境、政策导向和相关法律法规等因素。因此，对展会举办地的政治环境、项目涉及行业的政策导向和相关法律法规进行分析，既可以最大限度地得到政策扶持，发挥政策上的优势，也可以确保严格依照法规行事。

（2）社会经济环境分析。社会经济环境主要包括经济发展状况、人口与收入情况、配套服务行业发展状况和物质资源状况。其中，经济发展状况包括当地的社会经济发展水平、市场规模、经济结构和规模、产业结构等情况。人口与收入情况包括人口的数量、年龄层次、职业构成、文化构成、受教育情况、宗教构成、人口的地理分布和变化趋势。配套服务行业发展状况包括交通、公共设施、通信、金融和餐饮住宿的运营情况及发展趋势给项目带来的影响。物质资源状况包括项目举办地某种资源的地区状况和新的替代资源的发展状况。

（3）社会文化环境分析。社会文化环境包括项目举办地人们对于项目本身的观念、观点和态度等。它包括饮食、服饰、建筑等有形部分和审美观点、文化背景和宗教信仰等无形部分。

（4）社会关注程度分析。节事活动项目有不同的项目目标：有些以经济效益为目的；有些以公益宣传为目的；还有些大型活动项目，以扩大城市的影响力和国际地位为目的。因此，在选择某一节事活动项目的时候，要准确把握当地政策导向，并结合项目举办地的社会经济特点和热点，展示当地在区域内甚至全国范围内具有优势的产业和行业的发展，吸引该产业和行业地区、全国乃至世界范围内的顶尖企业或组织集中展示，使该活动项目成为支持当地发展的助推剂，那么该活动项目一定能够得到很好的关注。

2. 微观环境

微观环境是指对举办节事活动构成直接影响的各种因素。包括节事活动内部环境、目标客户、竞争者、服务商和社会公众等。

（1）内部环境。节事活动机构内部所具备的各种条件，包括资金、人力、物力以及所掌握的信息资源和能联系的社会资源等。通过对内部环境的分析，准确找出其所具有的举办本节事活动的优势和劣势以及在本节事活动所在产业具有的优势和劣势，并进行客观评价，分析是否具有举办该节事活动的能力。

（2）目标客户。目标客户是指节事活动的潜在参展商和观众。节事活动的目标客户一般包括五大类：消费者市场客户、生产者市场客户、中间商市场客户、政府部门和国际市场客户。他们都是节事活动的服务对象，因此在可行性研究中不仅要分析他们的数量和分布，还要分析和把握他们的需求和变化趋势并以此作为节事活动举办的宗旨和服务的核心。

（3）竞争者。竞争者是指与本节事活动有竞争关系的其他同类节事活动项目。节事活动要想在市场上取得成功，就必须能比其他同类节事活动项目更有效地满足目标客户的需求。一般情况下，节事活动会面临四种类型的竞争：①需求竞争，即目标客户之间想要满足的各种需求具有可替代性，他们可以选择参展，也可以选择不参展；②目标竞争，即能满足目标客户的需求的不仅仅是节事活动，其他的营销形式也可以；③形式竞争，即目标客户在可以满足他们需求的同类主题的不同形式的节事活动之间进行选择；④品牌竞争，即目标客户根据节事活动本身的品牌和举办节事活动机构的品牌来决定参加哪个节事活动。因此，在对竞争者进行分析时，不仅要分析具有竞争关系的节事活动项目和其节事活动的举办结构的现状，还要分析它们的变化并提出相应的对策。

（二）市场需求分析

市场需求分析是可行性研究中要分析的首要问题。市场需求分析，是对社会或市场的需求或者潜在需求情况进行调查，对节事活动项目投入、规模、收入以及产品的销售进行预测，制定门票、收费以及产品销售价格，决定节事活动的举办规模。一般来说，对某个活动项目可行性研究的正确与否，很大程度上取决于市场分析的深度与广度。任何活动项目举办或运行以后，内容主题如果不符合社会需求，类型、规模不恰当，投入越多，浪费越多。

这里所说的市场需求分析包括两个组成部分：一是参展商为本产品的营销和宣传产生的对该项目的需求；二是观众希望通过该项目满足其某种诉求而产生的对该项目的需求。这两个因素是决定一个节事活动项目成功举办的关键因素。具体而言，对参展商的分析包括要了解和统计分析他们所关注的主题、可能会提出的要求、在某个地区或者某个行业的影响力和辐射力、期望在节事活动项目中达到何种目的等。对目标观众的分析包括参观者的数目、行业分布、成分划分、地域划分、收入区分和购买力情况等。观众的数量和构成是决定节事活动项目质量的重要因素之一，因此目标观众特别是专业观众的数量越多，节事活动项目的质量和效果就越好。通过了解观众的总体规模、是否来自所期望的行业、对订货的决策权和影响力是多少、来自哪些地区等情况，主办者大体上就能够得出现有的环境和条件与节事活动项目质量的对应关系。

（三）节事活动项目设计

节事活动项目设计的主要任务是活动主题和规模的确定，活动类型的选择，相关辅助机构和活动地点的确定以及所需费用的计算。

节事活动项目设计要合理，应遵循以下原则：

1. 经济原则

一项节事活动项目的设计能否符合经济原则，以较低成本获得较高的收益，是评价该活动项目是否具有经济价值和经济意义的重要方面。

2. 社会效益原则

节事活动项目在举办或运行时，除了自身的经济效益投入与产出以外，还要考虑社会效益的产出。因此，分析节事活动项目的社会效益是非常重要的。

3. 生态平衡原则

如今，环保问题已为越来越多的国家所重视。资源破坏、环境污染、生态失衡等问题给经济发展带来严重的阻碍。尽管节事活动项目大多数为短期活动项目，但是一些大型的节事活动往往包括了相关设施的建造，也需要重视环境保护的问题。

节事活动的选址也是节事活动项目设计中重要的一环。在确定节事活动场址时要综合考虑场址的经济因素、政治因素以及文化因素等。活动场址选择的重点在于能够发挥该场址的地理位置优势。

（四）节事活动项目资源配置

节事活动项目的举办需要耗费大量的人力、物力、财力和时间，因此在节事活动可行性研究中，对活动的组织机构和活动人员配备进行细致的计划，对活动项目的成败也有举足轻重的作用。每一个项目的筹办都需要设立一个筹备组，以确保其运作。这就要求项目团队成员的素质和能力达到项目的要求，人员配置需要熟知项目筹办的各个环节。

人员的稳定性也是要考虑的一个因素，节事活动项目的工作周期一般都比较长，前期的筹备工作需要充足的时间，组织者应尽可能地保持筹备团队和工作人员的稳定性和连续性。

（五）财务预算

财务预算是节事活动项目可行性分析必不可少的内容。主要是分析预算节事活动项目的费用支出和收益，分析活动项目的盈利能力、活动项目贷款的清偿能力以及外汇效益等，以判断活动项目在财务上的可行性。

（六）活动项目的专家综合评议及建议

由专家（如相关的技术人员和公司聘请的专家顾问）审核上述内容，主要是对节事活动的技术、财务、法律问题、组织机构等进行定量和定性分析，并综合各方面效果进行评价，对不同方案做出比较，提出决策建议。

二、节事活动可行性研究的工作流程

开始阶段→收集资料→拟订可行性方案→方案论证、专家论证→编制可行性报告、完善策划方案→可行性报批。

任务三 会展节事活动的市场分析

一、节事活动市场调查

（一）节事活动市场调查的内涵

节事活动市场调查，就是以科学的方法，有系统、有计划、有组织地收集、调研、记录、整理、分析有关节事活动产品、服务及市场等信息，客观地测定及评价、发现各种事实，用以协助解决有关节事活动经营决策问题，并作为各项经营决策的依据。

（二）节事活动市场调查的对象和范围

调查研究是可行性分析的重要基础，节事活动市场调查的对象和范围如下：

（1）节事活动项目所处的宏观环境，包括经济环境、政治安全环境、社会各界对节事活动项目的关注程度。

（2）市场环境，包括市场规模、市场发展前景、市场进入壁垒。

（3）竞争环境，包括同类城市、同类展览会及举办者。

（4）节事活动举办地条件分析，包括经济发展水平和产业体系、基础设施和社会服务体系、自然环境和人文环境、节事活动中心的规模和服务水平。

（5）自身环境包括项目管理团队、财务约束以及以往举办同类节事活动的情况。

（三）节事活动市场调查的类型

1. 根据调查的内容及针对性可分为市场环境调查和市场专题调查

市场环境调查包括对政治、经济、文化、自然等各方面进行的调查。

市场专题调查则是根据调查的需要进行有选择的调查。市场专题调查主要包括：①需求调查。节事活动的需求调查主要是指在当前的经济文化背景前提下，某一活动的主题、形式、内容、规模是否符合社会的需求，一旦该活动举办或运行，能否获得支持，能否实现该活动举办的初衷；②相关产品调查。节事活动相关产品调查包括对活动衍生产品的创意情况、节庆或者旅游产品的质量、消费者对该产品的预期满意度和要求等进行调查；③价格调查。节事活动价格调查主要包括对活动门票、影响价格的因素、价格变化的趋势等进行的调查；④市场竞争调查。节事活动的市场竞争调查主要是对同类活动及现有具有可替代性的活动的社会需求状况及变化趋势进行调查，特别是一些商业性质的活动，需要十分详细地调查主要厂商现有活动的市场影响率及与活动相关的产品的成本构成营销策略，消费者可以接受的价格水平等进行的调查。

2. 按调查对象的范围可以分为全面调查和抽样调查

全面调查又称普查，是对全体调查对象进行的调查。在节事活动项目的可行性研究中一般不采用这种调查。

抽样调查是从全体调查对象中选取的具有代表性的若干个体进行调查，然后从个体的统计分析去推断全体的一种方法。它一般又可分为随机抽样调查和非随机抽样调查。

3. 按调查的途径可以分为直接调查和间接调查

直接调查是通过书面、电话、专访等形式直接向调查者获取所需资料的做法。它一般有观察法和实验法两种。

间接调查是通过对相关因素的调查分析获取所需资料的做法。

4. 按照调查登记时间和连续性分类可分为经常性调查和一次性调查

经常性调查是指随着事物在时间上的发展变化而连续不断地进行登记，其主要目的在于获得关于事物全部发展变化过程及其结果的信息资料。

一次性调查是指对那些短期内变动不大的研究对象为了某一特定目的而组织的定期或不定期的调查，其目的在于收集某事物（现象）在某一特定时间上的水平、状态资料。它包括定期调查、不定期调查、阶段性调查和追踪调查。

定期调查是指每隔一定时期进行一次、时间间隔大致相等的调查；不定期调查是根据实际需要而组织进行的不定时调查；阶段性调查是指不以时间长度为转移，而以事物发展阶段为依据的调查；追踪调查是指在不同时期对统一调查对象进行的定点调查。

（四）节事活动市场调查的程序和步骤

1. 节事活动市场调查基本程序

节事活动市场调查的过程与一般的各种调查研究相同，其基本程序有：

（1）拟订计划。有了计划，就可以使节事活动市场信息的收集工作有条不紊地进行。

（2）收集信息。按照计划确定的内容、信息源和方法收集节事活动市场信息。

（3）初步分析。由于收集的各种信息资料比较杂乱，因而需要边收集边分析，以便把收集工作引向深入，同时也可避免收集中发生的遗漏。

（4）提供资料。信息收集者将所获得的节事活动市场信息以文字形式整理出来，提供给信息加工部门或人员。节事活动市场信息资料的形式很多，如调研报告、资料摘编、统计报表等。

2. 节事活动调查的一般步骤

（1）确定调查的目的。①明确调查所针对的对象。不同的对象对调研的要求有所不同，政府部门关注宏观数据，生产企业关注具体情况，调研也应该因对象而异；②分析调查所要解决的问题。调研过程的开始首先是认识问题，应该准确把握数据的真正作用，明确开展调研究竟要解决什么问题，哪些问题是通过节事活动调研可以解决的，哪些不能或不用通过节事活动调研解决，否则大量的财力、人力和时间就将被浪费。同时，由于节事活动时间的限制，必须认真对待那些在节事活动过程中难以完成的任务。确定了调查的目的，就应该形成调研目标，目标应尽可能具体和切实可行，以避免不必要的麻烦。向委托方复核过调研目标之后就可以形成初步的假设了，假设是在给定信息的条件下，被认为是合理的初步陈述。调研假设的提出为生成调研设计奠定了基础。

（2）生成调研设计。调研设计是指实现调研目标或调研假设需要实施的计划。调研人员需要建立一个回答具体调研问题的框架结构。当然，客观上不存在唯一最好的调研设计，不同的调研设计都各有优缺点，重要的是必须权衡调研成本和信息质量。通常所获得的信息越准确、错误越少，成本就越高，但是由于节事活动调研的特殊性质，调研设计者应以有效性原则为基本准则。

（3）选择基本的调研方法。调研人员可以根据调研项目的目标选择描述性、因果性或预测性的调研设计。随后确定搜集数据的手段，一般有3种基本的调研方法，即观察法、询问法、试验法。

（4）抽样过程。不同的调研手段对样本的要求也有所不同，节事活动调研中抽样与调研手段的对应关系与一般调查研究一样，应根据具体情况灵活运用。

（5）搜集数据。大多数数据是由市场调研公司、现场服务公司从节事活动现场搜集得到的，同时节事活动的主办方掌握有大量免费公开信息，无需周折便可获得。

（6）加工分析数据。加工分析的目的是解释所收集的大量数据并提出结论，数据的分析需要具备一定的专业技巧和手段，专业分析人员不仅可以对数据进行简单的频次分析，同时能够使用复杂的多变量技术进行交互、聚类、因子等分析，从而使搜集到的数据解释更多的信息。

节事活动市场信息加工，是指将收集到的节事活动市场信息按照一定的程序和方法，进行分类、计算、分析、判断、编写，使之成为真实的、标准的信息资料，以便使用、传递和储存。节事活动市场信息加工一般包括分类、比较、计算、研究、判断和编写。①分类。分类是将杂乱无章的初始信息按一定的要求（如问题、时间、目的等）分门别类；②比较。比较是一种分析，即从各种信息资料的比较中分析市场活动的变化趋势及其特征，并与经营管理的需求进行比较，判断是否符合要求。如果不符合，就再补充收集初始信息；③计算。计算是按照一定的方法对数据状态的信息进行加工运算，并从中得出所需要的新的数据；④研究。研究是在比较、计算的基础上进行的。通过研究可以从纷繁的信息资料中形成新的概念，得出新的结论，形成富有指导作用的信息；⑤判断。判断是对节事活动市场信息的准确性、可信度进行鉴别，剔除不可信、不真实的部分，同时对信息的含量、价值、时效进行判断，以便提供使用；⑥编写。编写是将加工过的信息资料编写成新的信息资料，这是信息加工的基本产出。

节事活动市场信息加工的上述基本内容是彼此联系、不可分割的，而且是相互交叉的。这些不同内容组成信息加工的有机过程。收集市场信息是策划举办一个展会最基本的工作，市场信息收集的过程是一个系统的、有目的的市场调查过程。它主要通过各种市场调查手段，有目的、系统地收集、记录和整理有关市场的信息和资料，客观地反映市场态势，为全面认识市场、进行市场分析和预测，以及为节事活动举办机构进行科学决策提供依据。

（7）报告撰写。节事活动调研的报告形式因提交对象的不同而有所不同，一般市场调研报告都要求简明、清晰，如果报告是提交给政府部门用作宏观分析，报告就更应详尽一些。

（8）跟踪。跟踪调研成果的应用情况，不仅可以督促和帮助委托方，还能有效地提高调研服务的水平。

（五）节事活动市场调查的方法

1. 观察法

观察法主要是观察人们的行为。准确地讲，观察法可以被定义为不通过提问或交流而系统地记录人、物体或事件的行为模式的过程。当事件发生时，运用观察技巧的调查员客观见证并记录信息，或者根据以前的记录编辑整理证据。节事活动主题明确，参展商与参观者已经过明确的细分，绝大多数节事活动对专业参观者和普通参观者又进行区别，因此在客观上符合使用观察法的条件。

节事活动调研所使用的观察法大致分为以下两类。

（1）非参与观察法。这是指将受访者视为局外人，从旁进行观察，而不参与其活动。调查员可以分布在节事活动的不同位置，根据之前统一的要求进行现场观察，并在印制好的记录单上予以记录，记录单可以使用按秩序圈选的封闭式量表，也可以使用记录具体情况的开放式表格。调查员的观察不应打扰参会者的行为，最好能够避免引起参会者的注意。另外，也可以安装一些被允许的装置进行机器观察，如流量计数器、条形码识别仪、录像机、现场监测仪等。

（2）参与观察法。与前者不同的是要和受访者直接相处并与其一起活动，从中可以更深入地了解被访者。参与观察法仍是以观察为主，调查员可以作为节事活动中的一分子，参与试用，参加专业研讨等，有的放矢地进行观察研究。当然这种研究对调查员的能力要求较高。

2. 询问法

询问法是最为广泛使用的调研手段，通过此种方法能够收集到广泛的信息。询问法又可分为问卷访问法、小组访谈法、深度访谈法、投射法等。

（1）问卷访问法。问卷访问法在调研中最为通用，包括个别访问法、集体访问法、电话访问法、邮递法、留置法、计算机访问法等。问卷访问法的每一种形式都依赖于问卷的使用。问卷几乎是所有数据收集方法的一般思路。问卷是为了达到调研项目目的和收集必要数据而设计好的一系列问题，它是收集来自于被访者的信息的正式一览表。问卷提供标准化和统一化的数据收集程序。节事活动调研中所使用的问卷应注意区别调研目的和调研地点。

（2）小组访谈法。节事活动过程中，来自四面八方的经销商、消费者会聚节事活动现场，使得平时几乎无法实现的小组访谈成为可能。小组访谈可以针对主题进行充分和详尽的讨论，参展商可以对定价、销售手段、产品性能等需要了解的主题进行深入研究，节事活动组织方也可以通过小组访谈对参展商的需求以及满意度进行调研。

（3）深度访谈法。深度访谈法在节事活动过程中也能够得到充分应用。深度访谈法适用于两类人群：一是参与的重要官员、学者和企业高层管理者。这类人群在日常的深度访谈操作中皆是难以接洽的对象，但是在节事活动过程中往往相对集中，同时由于大部分节事活动都有明晰的主题或单一的行业性质，因此访谈的实际操作也容易深入，有效性更高。二是参观者。不论是企业自己组织的现场介绍，还是委托专业公司进行的会场演示，都是直接面对参观者的机会。商业节事活动参观者中有代理商、经销商以及消费者；文化节事活动参观者大都是专业人士或爱好者。通过相对无限制的一对一会谈，可以实现多种调研目的。受访者与面谈者很容易在节事活动这样一个特定环境中达成相互间的融洽关系，同时与主题无关的信息也将比一般情况少。

3. 实验法

以实验为基础的调研与以询问为基础的调研相比有着根本的区别，其对调研环境、技术、人员素质的要求都非同一般。在节事活动过程中要想实现真正意义的实验调研是很困难的。但是，实验法有许多值得在节事活动调研中积极采用的思路和手段，如在节事活动中设置试验区域，请消费者现场试验产品功效，一方面可以起到宣传促销的作用，另一方面也可以为参与观察的调查员提供条件进行观察、记录。

4. 二手资料分析

以上 3 种方法是调查研究中最常见的获取一手资料的方式和手段，但并非调研的全部，在节事活动调研中，二手资料的分析运用也相当重要，从节事活动上可以收集到大量的二手资料。这些二手资料不仅有助于明确或重新明确探索性研究中的研究主题，而且可以切实提供一些解决问题的方法。政府或企业所面临的问题，以及下达给节事活动调研者的问题很大程度上并不是前所未有的问题，很有可能曾经有过类似的研究，可能已经有人收集了所需的精确资料，只不过不是针对当前的问题。做好这方面资料的搜集工作可以说是事半功倍。

二手资料主要有以下几个来源：

（1）来自主办方。节事活动主办方都会在节事活动过程中免费发放各种名录，如参展商名录，内有详细的地址、联系方式、产品介绍、工厂分布、主要领导的姓名、员工数量、销售水平、市场占有情况等。

（2）来自参展商。参展商在节事活动中更是会准备大量资料，这些资料中就有可能包括平时难得一见的内部资料，如新产品研发档案、年度报表、股东报告、新产品测试结果、公司内部刊物等。

（3）来自行业管理部门或行业协会。节事活动中常设有免费公开的信息查询系统，提供诸如行业发展趋势、市场分布等来自权威机构的统计结果。

（4）节事活动项目管理系统。越来越多的大型节事活动开始使用节事活动项目管理系统。这种系统实际上是一个庞大的数据库，可以为各方面提供所需要的二手资料，如展位预订管理系统、邀请函、参展手册发放管理系统等。这些资源可以以付费的方式单项或全部出售给数据的使用方，对于二手资料收集者而言也是意义重大的。计算机数据库、公开的二手资料、互联网和内部数据库都是一个组织的信息管理系统的重要组成部分。

（六）节事活动市场调查资料整理

节事活动市场调查资料的整理，主要包括对调查资料的审核、检验和分类处理。

1. 节事活动市场调查资料的审核

节事活动市场调查资料的审核是指对已经收集到的资料进行总体检验，检查其是否齐全、是否有差错，以决定是否采用此份调查资料的过程。

2. 节事活动市场调查资料准确性的检验

主要检验被调查者是否属于规定的样本范围内，调查资料是否存在明显的错误，是否真实可信，调查口径、计算方法、计算单位是否统一。

3. 节事活动市场调查资料的分类处理

经审核、检验后的调查资料有不同的处理方法：①接受基本正确、符合要求的调查资料；②将问题较多的调查资料作废；③对问题较少的调查资料，由调查人员采取适当的措施进行补充，完善后再使用。

二、节事活动市场分析

（一）市场预测的概念

市场预测是指以市场调查所获得的信息资料为基础，运用科学的方法，对未来一定时期内市场发展的状况和发展趋势做出正确的估计和判断。市场预测是可行性研究中不可缺少的组成部分。

（二）市场预测的意义

市场调查和预测的主要作用是说明举办或运行某一节事活动项目的“必要性”。因此，市场预测的结果是判断活动项目举办有无必要的重要依据，从而可以避免活动项目的重复举办和盲目举办；同时，它也是保证实现社会供需平衡、提高节事活动的投资效益、促进国民经济协调发展的重要措施，是节事活动的投资效益分析指标正确与否的重要保证。

（三）市场预测的类型

1. 按预测的时间长短不同可分为短期预测、近期预测、中期预测、长期预测

短期预测是指预测的时间期限一般在一个季度内，它主要适用于中小型即时举办的活动，讲究预测的时效性；近期预测是指预测的时间期限一般在一年以内，它主要适用于中型规模的、需要进行具体筹划的节事活动项目；中期预测是指预测的时间期限一般在一年以上五年以内，主要适用于中大型规模的或者定期举办的活动项目；长期预测是指预测的时间期限在五年以上，一般适用于大型、特大型有长远影响或国际影响的活动项目。

2. 按预测的角度范围不同可分为宏观市场预测和微观市场预测

宏观市场预测是关于某一节事活动对于整个国民经济发展前景和整个社会经济进步趋势影响的预测。宏观市场预测的主要内容有：某一节事活动举办后，国民生产总值及其增长态势、消费结构变化等预测。宏观市场预测的直接目标是分析全国性经济或社会效益及其变化趋势，经济的国际市场份额及其变化。宏观市场预测涉及的面比较广，一般由政府部门、全国性研究机构、协会等来承担。微观市场预测主要是指某些小型活动的经济效益、社会效益的市场预测。如某些商业活动的举办对产品的市场需求量、销售量、市场占有率等内容的预测。微观市场预测的内容比较具体、细致，对活动举办者筹划、举办活动有直接的影响和指导作用。

3. 按预测的要求不同可分为定性市场预测和定量市场预测

这种分类一般用于带有营销性质的商业活动。定性市场预测是对市场有关事物未来发展变动的方向、态势的预测，它侧重于对事物未来的性质进行推测、估计，不在于揭示数量。它可以用来解释是否该举办某项商业活动，商业活动的主题、内容是什么；定量市场预测是对市场有关事物未来变化的规模、水平、速度比例等数量方面进行推测、估计，一般用来分析某项商业活动的举办规模的大小。

（四）节事活动市场预测的一般程序

市场预测是在市场调查研究的基础上，明确预测目标，收集资料，分析判断并运用预测方法，做出预测结论的过程。这一过程具体包括以下程序：

1. 确定预测目标

确定预测目标就是要明确预测的目的、要求，是进行市场预测首要解决的问题。具体包括确定预测对象、预测活动项目、预测的空间范围和时间要求。预测目标应尽量具体、详尽，不能含糊、抽象。它既关系到整个预测活动的成败，又关系到预测中其他步骤的进度，如收集什么样的资料，采用什么样的预测方法，以及如何制订该项预测的具体工作计划和进度计算等。确定了预测目标，就使整个市场预测工作有了明确的方向和内容。

2. 收集分析有关资料

科学的市场预测，必须建立在掌握充分的市场资料基础上。预测目标确定后，就要围绕预测目标，广泛收集各种历史和现实资料。市场资料众多，在预测中应收集什么样的资料，完全由预测目标来决定。市场预测所需资料有两类：一类是关于预测对象本身的历史和现实资料，如某地区家庭旅游的统计资料。另一类是影响预测对象发展过程的各种因素的历史和现实的资料，如影响居民家庭旅游的因素资料、收入状况及变化、旅游价格变动资料、城市旅游发展变化资料等。围绕市场预测目标，收集市场资料，力求收集得完整、可靠、准确和适用。

3. 分析和判断

分析和判断是指对收集的历史和现实资料进行综合分析，对市场未来的发展变化趋势做出判断，为选择预测方法、建立预测模型提供依据。分析判断的内容是多方面的。分析各种市场影响因素对市场未来需求的影响，分析预测期内经济的供应、生产、销售关系和其变化以及社会需求和效益的变化，分析社会心理、消费倾向等对市场未来经济需求和文化需求的影响。如分析广大社会群众的心理、文化、行为、价值观念等变化对市场未来经济上的或文化上的需求的影响，随着我国进入小康社会，人们对健康日益重视，可以预测各种体育健身类的活动将受到广泛的支持。

4. 选择预测方法，建立预测模式

根据预测目标，在对有关资料进行分析判断后，就要选择预测方法。预测方法选择是否适当，将直接影响预测结果的可靠性。预测方法很多，有定性预测法和定量预测法两大类。

如何选择预测方法？一般应从以下两个方面考虑：第一，根据预测目标和要求，选择预测方法。例如，预测的活动项目是短期和近期的，一般选用集合意见法、市场调研预测法、移动平均法、指数平滑法等；预测活动项目是中长期的，一般采用趋势延伸法、回归分析法、德尔菲法等。第二，根据预测对象商品本身的特点来选择预测方法，不同的预测对象，具有不同的属性和变化特点。如带有商业拓展性质的商业活动，一旦被社会所接受，传递效应非常迅速，但更新淘汰也很快。因此，不宜采用趋势延伸法，而用市场调研预测法较适宜。而像“桃花节”“啤酒节”等季节性较强的活动，其规模、产品投放一般采用季节指数法进行预测最合适。

预测方法与预测模型是紧密联系在一起的。确定了预测方法，也就确定了预测模型。建立预测模型，就是指根据预测目标，应用预测方法建立起来的数学模型。建立预测模型应注意以下问题：①在满足预测目标和要求的前提下，尽可能使预测模型简单化；②在应用预测模型时，要对模型进行必要的检验，以判断模型是否适用；③当预测模型不够科学时，应及时进行修正。

5. 做出预测结论

这是市场预测工作的最后一个阶段。包括利用预测模型计算出预测值和评价预测值的合理性，最后确定预测结论两个环节。为了保证预测值的准确性，在市场预测中，常常要同时采用不同的预测方法与预测模型，并对它们的预测结果进行分析比较，进而对预测值的可信度做出评价，以确定最符合实际的预测值。

（五）市场预测的方法

1. 判断意见预测法

是指按照预测要求，参与预测的有关人员依据自己的经验知识，在个人的判断基础上提出预测意见，再综合大家的意见，做出市场预测的方法。一般用于节事活动的定性、主题、内容、规模的确定。它包括集合意见法、专家会议法和德尔菲法等。

（1）集合意见法，是指活动立项或举办人员，根据活动项目的主体内容，对市场未来需求趋势提出个人预测意见，再集合大家的意见做出市场预测的方法。特别是企业举办的，带有产品推广性质的商业活动在确定活动规模时，企业内部的经营管理人员和业务人员，通过日常工作，积累了丰富经验，掌握着大量的资料，他们最熟悉市场需求变化情况，对他们的意见进行充分调查并加以集中，可以对市场的未来情况做出预测。采用集合意见法进行预测，一般步骤如下：

第一，活动组织者根据企业经营管理的要求，向参加预测的有关人员提出预测活动项目和预测期限的要求，并尽可能提供有关背景资料。

第二，有关人员根据预测要求及掌握的背景资料，凭个人经验和分析判断能力，提出各自的预测方案。

第三，组织者计算有关人员的预测方案的方案期望值。

第四，将参与预测的有关人员分类，计算各类综合预测值。

第五，确定最后的预测值。

（2）德尔菲法，也叫专家小组法。德尔菲是阿波罗神殿所在地的希腊古城之名，传说阿波罗是预言神，众神每年会集于德尔菲以预测未来。因此专家小组法也称为德尔菲法。是美国兰德公司在20世纪40年代末所创，最先用于科技预测，20世纪60年代以后在市场预测中得到广泛应用。

德尔菲法是指采用背对背的通信函询方式征询专家小组成员的预测意见，经过几轮征询，使专家小组的预测意见趋于集中，最后做出符合市场未来发展趋势的预测结论。如果说专家会议法是专家们面对面开会进行预测，那么德尔菲法就是专家们采用背对背方式进行预测，即专家之间互不往来，彼此都不知道对方是谁。采用“背靠背”的形式克服了在专家会议法中经常出现的专家不能充分发表意见，权威人物的个人意见左右他人的意见的弊病。以确保每位专家都能真正充分地发表个人的预测意见。德尔菲法是为了克服专家会议法缺点而产生的一种新的专家预测方法，是定性预测法中一种常用的方法。

德尔菲法的一般步骤分为：①确定预测题目，选定专家小组。被选定的专家，必须是对确定的预测对象具有丰富知识的人，既包括理论方面的专家，也包括具有丰富实际工作经验的专家，这样的组成才能对预测对象提出可信的预测值。专家人数一般为10~20人；②制订征询表，准备有关材料。预测组织者要将预测对象的调查活动项目，按次序排列绘制成征询表，并将填写要求、说明一并设计好，向有关专家发送；③采用匿名方式进行多轮函询；④运用数学统计分析方法对专家最后一轮预测意见加以处理，做出最后的预测结论。

用德尔菲法征询专家意见一般要求三轮以上，只有经过多次的征询，专家们的看法才能更加成熟、全面，并使预测意见趋于集中。

2. 市场调查预测法

是指预测者以市场调查获得的直接资料为依据，经过分析、测算，对市场未来需求状况做出预测的方法。市场调查预测法在一定程度上减少了主观性和片面性，而且使用性较强，尤其是在缺乏历史资料的情况下，通过直接调查，也能获得较为可靠的预测结果，一般对于需要精确规模预测的节事活动较为适用，也可用于活动项目的门票、收费的价格制定，市场调查预测法主要包括购买意向调查法和联测法等。

（1）购买意向调查法，也称买主意向调查法，这种调查方法原本是指通过一定的调查方式（如抽样调查）选择一部分或全部的潜在购买者，直接向他们了解未来某一时期购买商品的意向，并在此基础上对商品需求或销售做出预测的方法。应用购买意向调查法时，首先要把被调查者的参与意向分为不同等级，一般分为五个等级："肯定参与或购买""可能参与或购买""未确定""可能不参与或不购买""肯定不参与或不购买"；其次，向被调查者说明所要调查活动的主题、内容、特点、价格等情况，以便使被调查者能准确地做出选择判断，并明确参与意向，即上述五个等级中的哪一种；最后，对调查资料汇总并计算出购买或参与比例期望值。

（2）联测法，是指以某一企业的调查资料或某一地区抽样调查资料为基础，进行分析、判断、联测，从而预测举办某一节事活动的规模及活动资金或产品投入的方法。由于主观或客观条件的限制，节事活动举办者不可能对整个市场进行全面普查，只能是局部普查或抽样调查。因此，运用局部普查资料或抽样调查资料，经过分析、判断，对整个行业或整个市场进行联测，就成为客观需要。为此，局部普查资料或抽样调查资料就必须具有典型性或能反映总体的特点，才能保证联测法的准确性。

任务四　会展节事活动可行性研究报告的撰写

一、会展节事活动可行性研究报告的依据和要求

对于一个节事活动项目进行可行性研究，必须以国家有关的规划、政策、法规为依据，还要有相应的资料支持。

（一）可行性研究工作的主要依据

（1）国家经济和社会发展的长期计划，各地区的整体规划，经济建设的方针、产业政策、投资政策和技术经济政策，以及国家和地方法律法规。

（2）批准的活动项目建议书和活动项目建议书批准后的意向协议等。

（3）国家批准的资源报告，国土开发整治规划、区域规划、工业基地规划和交通运输规划。

（4）国家进出口贸易和关税政策。

（5）国家、地区和行业有关的工程技术，经济方面的法令、法规、标准等资料。

（6）举办活动地区的自然、经济、社会等基础资料。

（7）国家颁布的建设活动项目经济评价方法与参数，如社会折现率、行业基准收益率等。

（8）市场调查报告。

（二）可行性研究报告的要求

可行性报告是可行性研究的核心内容。由于可行性研究报告对于整个节事活动项目具有极其重要的意义，为了确保它的科学性、客观性和公正性，有效防止错误和降低失误，我们对节事活动可行性研究报告有下列要求：

（1）公正客观。节事活动项目的可行性调查研究报告的编制必须以客观公正的态度来进行，从资料的搜集到报告的撰写，所有的信息都应该真实准确。从客观实际出发，通过科学的分析，得出最终结论。

（2）内容充分。可行性研究报告的内容深度一定要达到国家规定的标准，基本内容要完整，切忌粗制滥造。在做法上要坚持先论证后决策，要掌握好活动项目建议书、可行性研究、评估这三个阶段的关系，不可行就应停止研究，坚持多方案比较，择优选取。

（3）保证咨询策划单位必需的工作周期，以确保可行性研究的质量，切忌搞突击，草率行事。

二、节事活动可行性报告的编写内容

一个节事活动项目的可行性报告的编写，主要包括以下10项内容。

（一）总论

总论是可行性研究报告的首要部分，它综合叙述了研究报告中各部分的主要问题和研究结论，并对活动项目的可行与否提出最终的建议，为可行性报告的审批提供方便。

总论主要包括以下四个方面：

1. 节事活动的背景

包括：①活动项目名称。②活动项目的组织单位。③活动项目的主管单位。④活动项目的举办地区和地点。⑤承担可行性研究工作的单位和法人代表。⑥研究工作的依据。⑦研究工作的概况。

2. 可行性研究结论

在可行性研究中，对某一节事活动项目的市场预测和举办规模，材料的供应，活动场址的选择，相关活动项目工程技术方案，资金总额及筹措，活动项目的财务和经济评价，环境保护和社会效益等重大问题，都应得出明确的结论。

3. 主要分析资料、技术指标

在总论部分可以将研究报告中各部分的主要分析资料和技术经济指标汇总，列出主要技术经济指标表，使审批和决策者对节事活动全貌有一个综合而明确的了解。

4. 存在的问题和建议

对可行性研究中提出的该节事活动的主要问题进行说明并提出解决的建议。

（二）该项节事活动项目背景和发展概况

这一部分主要说明该项节事活动项目的创建、立项、发起过程，组织者的意向，活动项目举办或运行的必要性，活动项目发展及可行性研究工作的概况等。

（三）市场分析和举办规模

市场分析在可行性研究中占重要地位，任何一个节事活动立项拟办，都必须在对市场需求情况有了充分了解以后才能做出决定。

（四）举办条件与活动场址选择

根据市场分析的结果和举办规模的论证与建议，并通过对社会需求、经济和社会效益产出、资金和相关产品投入、资源等供应的可行性、可靠性进行研究，对活动场址进行技术和经济分析。

（五）环境保护和安全保障

在节事活动项目筹划举办过程中，必须对贯彻执行国家有关环境保护和职业安全卫生方面的法规、法律，对活动项目可能对环境造成的近期和远期的影响，对影响劳动者健康和安全生产的因素，都要在可行性研究阶段进行分析，提出切实有效的防治措施。

（六）企业组织和劳动定员

在可行性报告中，根据市场调查、市场预测、活动规模和流程的研究，提出相应的活动组织机构、劳动定员总数、劳动力来源及相应人员的培训计划和激励措施。其中包括：活动筹办、承办组织的组织形式和工作制度，活动项目的劳动定员，总工资和平均工资估算，人员培训及费用估算等。

（七）节事活动实施进度安排

节事活动实施时期的进度安排是节事活动可行性研究报告中的一个重要的组成部分。所谓节事活动实施时期，也就是活动的筹办时期，是指从节事活动正式立项到该节事活动正式举办这段时间。在可行性研究阶段，须将节事活动实施时期各个阶段的各个工作环节进行统一规划、综合平衡，从而做出经济合理又切实可行的安排。

1. 节事活动实施的各阶段

包括：①建立活动项目组织管理机构。②资金筹集安排。③创意获得与转让。④相关准备。⑤彩排与举办准备。⑥活动正式举办准备。

2. 节事活动实施进度表

包括：①横道图。②里程碑计划。

3. 节事活动实施费用

包括：①组织单位管理费。②筹备费。③人员培训费。④办公用品和道具购置费。⑤其他费用支出。

（八）节事活动投资估算与资金筹措

每一个节事活动都必须计算所需要的投资总额，分析投资的筹措方式，并制订用款计划。一个节事活动项目所需要的资金，可以从多种渠道获得。在活动项目可行性研究阶段，资金筹措工作是根据对活动项目固定资产投资估算和流动资金估算的结果，研究落实资金的来源渠道和筹资方式，从中选择条件优惠的资金。在可行性研究报告中，应对每一种来源渠道的资金及其筹措方式逐一进行论述，并且附带必要的计算表格和附件。

（九）节事活动效益评估

在举办一个节事活动时，必须对不同的方案进行财务、经济效益评价，判断活动项目是否可行，并比较出优秀方案。本部分的评价结论是举办方案取舍的主要依据之一，也是对活动项目进行投资决策的重要依据。这部分主要内容为：生产成本和销售首日估算、财务评价、国民经济评价、不确定性分析、社会效益和社会影响分析。

（十）节事活动可行性研究结论与建议

1. 结论与建议

根据前面各节的研究分析结果，对活动项目在经济上、社会效益上、技术上进行全面的评价，对活动方案进行总结，提出结论性意见和建议。主要内容包括：

（1）对推荐的活动方案举办条件、方案、经济效益、社会效益、环境影响的结论性意见。

（2）对主要的方案进行对比说明。

（3）对可行性研究中尚未解决的主要问题提出解决办法和建议。

（4）对应修改的主要问题进行说明，提出修改意见。

（5）对可行性研究中主要争议问题的结论。

（6）对不可行的活动项目，说明不可行的主要问题和处理意见。

（7）可行性研究报告的附件。凡属于活动项目可行性研究范围内，但研究报告以外单独成册的文件，均须列为可行性研究报告的附件，所列附件应注明名称、日期、编号。

2. 附件

包括：①活动项目建议书（初步可行性报告）。②活动项目立项批文。③活动场址选择报告书。④资源勘探报告。⑤筹款意向书。⑥环境影响报告。⑦须单独进行可行性研究的单项活动或配套工程的可行性研究报告。⑧需要的市场调查报告。⑨引用外资的各类协议书。⑩其他主要对比方案说明。⑪其他。

3. 附图

包括：①交通路线图和交通位置图。②场地布置方案图，包括平面图、立体图等。③其他。

任务解决

节事活动可行性研究的重点在于定量分析，是在活动项目策划书完成初步设计后，通过对节事活动项目的经济性分析，完善和调整活动项目策划的方案。要形成科学、合理、正确的可行性研究报告，就必须先了解可行性研究的作用；了解可行性研究的内容和工作流程，才能根据可行性研究的内容进行市场调查。只有掌握市场调查的内容、步骤、方法才能根据市场调查的结果进行市场预测，只有掌握市场预测的内容、步骤、方法才能做出合理的市场分析从而为节事活动项目的举办方进行决策提供依据，只有了解节事活动可行性报告编写的依据和要求以及可行性研究报告编写的内容，才能根据之前市场分析的结果编写正确的可行性研究报告。

实训任务

根据当地近期举办的一项节事活动的市场调研分析报告，运用适当的市场调研方法，调查当地此节事活动涉及范围的相关状况，试分析开展此节事活动是否可行并编制可行性研究报告。

任务分析：

编制可行性研究报告是一项复杂、专业性强的工作，因此要厘清工作思路。按照节事活动项目可行性分析的工作步骤并结合所调查的数据对应相关指标进行分析；市场调查和分析是一项难度较高的技术工作，要从掌握节事活动项目可行性的步骤和方法入手，规范市场调查工作步骤，提升市场分析能力。

操作步骤：

1. 信息：节事活动项目涉及范围的相关信息与数据，节事活动项目可行性分析指标体系。

2. 决策：参照可行性分析指标体系进行数据分析。

3. 计划：人员分工与时间控制。

4. 实施：人员分工实施过程及团队分析过程与结果。

5. 检查：小组进行工作过程、可行性分析原因与结果阐述。

6. 评估：各小组对市场调查与分析报告进行评估。

项目内容小结

项目立项只是对举办什么主题的节事活动项目和如何举办该活动项目提出了一个初步意见，而该活动项目是否可以举办和该方案是否可行，还需要对该活动项目进行深入的可行性分析，可行性分析论证结论及据此做出的正确决策，才是决定最后是否可以举办该活动项目的最终依据。可行性研究既包括对节事活动项目的市场需求和潜力的调查及对未来发展前景的预测，也从经济、技术的角度对活动项目的可行性进行论证从而回答活动项目是否要进行的问题，为决策者的最终判断提供科学的依据。

自我评估

参照可行性研究涉及的市场调查、市场预测方法、步骤，结合可行性研究指标体系分析从哪些方面可以把可行性研究报告编制得更加科学、合理、专业。

项目三

会展节事活动策划与流程

导读职业能力目标

掌握策划中常用的思维与方法；理解策划的内容；理解节事策划的重要性；掌握完整的策划流程并能撰写完整的策划书。

任务导入

琳达是一个私企的员工，最近公司效益较好，老板想借元旦到来之际，搞一个员工内部活动，既想通过本次活动，加强员工之间的互相联系，又想通过本次活动庆祝公司取得的好成绩。老板将这一项工作全权交与琳达，要求琳达在近期提交关于该活动的策划书。

任务一　节事活动策划的理念

一、策划的含义

策划与点子、创意、公关、咨询、谋略、广告等都不一样，有关策划的定义有很多，我们只列出其中三个定义，即运筹、出主意和资源的优化组合。

第一个定义，是字面上的解释：“策”，就是计策、对策、创意、谋略；“划”就是通过人力、物力、智力的调动把其落到实处。

运筹，“筹”是计策、对策、创意、谋略、点子等意思；“运”就是古代书写为走字旁的一个军队的军（即“運”），也就是通过兵马、粮草、车子的调动把计谋、创意、对策落到实处。

因此，策划即运筹，就是在对事物环境充分了解并提出独创性、出奇性、可行性的创意谋略的基础上，根据事物的演变规律，设定、设计策划手段及付诸实施的运动方案，并帮助实施者一起实施这种方案。有时它能适应事物的演变轨迹，有时它能改变事物的原有运动轨迹，从而按照设定的策划目标而偏转。

第二个定义，是“出主意”。为实现某一特定目标，借助于一定的科学手段、方法，从两个或两个以上的可行方案中选择一个最优方案并组织实施的全过程。策划是一项立足现实、面向未来的活动。它根据现实的各种情况与信息，判断事物变化的趋势，围绕某一活动的特定目标这个中心，来全面构思、设计、选择合理可行的行动方式，从而形成正确的决策和高效的工作方法。

上述策划的含义包括如下几层意思：

（1）策划是在现实所提供的条件的基础上进行谋划。策划者要尽可能多地掌握各种现实情况，全面地了解形成客观实际的各种因素及其信息，包括有利的与不利的因素，并分析研究收集到的材料，寻找出问题的实质和主要矛盾，再进行策划。这样的策划针对性强，且合理可行。

（2）策划具有明确的目的性。策划一定要围绕既定的目标或方针，努力把各种工作从无序转化为有序。策划可以使人们正确地把握事物发展变化的趋势及可能带来的结果，从而确定能够实现的工作目标和需要依次解决的问题。

（3）策划可以选择最佳方案。针对某一个目标，可以拟出多个策划方案。人们对多个策划方案可以权衡比较，扬长避短，选择最合适、最科学的一种。同时，策划也不是一成不变的，应在保持一定稳定性的同时，根据环境的变化，不断对策划进行调整和完善，以保持策划对现实的最佳适应状态。

（4）策划是按特定程序运作的系统工程。现代策划为了保证策划方案的合理性和高成功率，不可避免地趋向程序化。一般的策划活动都要经历以下几个步骤：策划前的调查和环境分析；确立或调整策划目标；策划创意，拟订初步方案；方案评价与筛选；方案的调整与修正。策划的程序性保证把各方面的活动有机地组合起来，使各个子系统相互协调，形成一个合理的整体策划。这种整体的系统性可以使人们确定理想的工作秩序和节奏，掌握轻重缓急，做到井然有序，提高工作效率，创造最佳效益。

第三个定义，是资源优化组合。策划人的神奇就在于如何去认识资源和如何组合资源。策划人高人一筹在于能看出一般人意识不到的资源，取长补短，优势互补。

策划是一种超前性的人类特有的思维素质。精心的策划是实现科学决策的重要保证，也是实现预期目标、提高工作效率的重要保证。策划是一种程序，在本质上是一种运用脑力的理性行为。亦即策划是预先决定做什么、何时做、如何做、谁来做。策划如同一座桥，它连接着我们目前之地与未来我们要经过之处……策划的步骤是以设定的目标为根据，然后定出策略、政策以及详细的内部作业计划，以求目标之达成。最后还包括成效之评估和反馈，返回起点从而开始策划的第二次循环。

第三个定义是资源的最佳组合，首先是认识资源。在策划人的眼中，对资源的认识是比较敏锐的，有人说垃圾是放错地方的资源，也有人说“穷”也是一种资源……但是许多人往往对资源熟视无睹。其次是资源的最佳组合。包括三层内容，一是互相补充，取长补短；二是合理结构，合理利用，“田忌赛马”就是一个好例子；三是资源的潜能开发，有时资源就像一块玉石岩，你要能看到岩石中的玉，并能根据玉的形状雕刻成合适的艺术品……

归纳以上三个定义，我们可以将策划定义为：策划是一个过程，它是为实现某一目标，在充分利用现有资源的前提下通过提出创意、设计、谋划等手段，为决策者提供最佳方案。

二、节事策划的必要性

所谓节事策划就是指以一定的资源条件和市场为基础，对节事活动的主题、内容、举办形式进行事先分析，并做出谋划和决策的一个理性的思维过程。

为什么要进行节事策划？节事策划的必要性是由节事产品开发所依赖的资源特性决定的。第一，节事活动往往是一个地方的精神和文脉的最集中的体现，是一种依据文化资源而定的特殊产品，而这种文化资源在平时是处于潜在状态的，必须经过节事策划开发，才能够由潜在状态转变为可以销售的节事利益相关者的产品状态。第二，创新和独特是节事的灵魂，必须在类似的社会、经济条件下，通过敏锐的分析和大胆的创意，才能够提炼出节事的独特卖点（Unique Selling Point，USP）和新颖的组织运作模式。第三，节事作为一种社会文化的仪式化表达（ritualistic representation），在现代商业社会，可能带来大量的经济、环境、社会效益，若策划运作不当，也可能引起较大的不良效应，需要因势利导扩大正面效应，消除负面效应。第四，节事的筹办、策划、举办和运作是一个系统工程，前期需要经过周密的准备过程，来保证节事利益相关者的预期利益得到很好的满足，同时也保证节事举办得顺畅和安全。

三、策划理念

（一）理念是节事策划的灵魂

理念，简单地说，就是“理性的念头”“系统的概念”。节事策划的理念是指导人们进行节事活动策划的指针、纲领、道理和理论基础。节事的策划理念是节事策划的灵魂。虽然，有些节事策划的理念并没有被清楚地表达出来，却在节事策划的过程中不知不觉地渗透于各个环节。节事理念的形成，一方面，基于节事策划者对地方精神的深刻理解，对当地文脉的准确把握；另一方面，基于节事策划者对未来社会、经济和文化发展趋势的判断。在此基础上，节事策划理念表现在节事最终的价值追求和最终目的上。不同环境下，节事策划的理念存在很大的差异，如在中国，很多地方还存在政府一手操办节事的状况，在这种条件下，节事的内容和形式以政府的要求为目的，可能影响到节事创新的动力和节事理念的创新，有些节事策划可能会忽略其他利益相关者的独立利益要求，而是围绕政府的“指挥棒”来筹划，节事策划理念的推陈出新就会比较困难。

（二）理念贯穿于节事策划的全过程

节事策划理念贯穿于节事的开发主体、开发宗旨和开发原则中，也贯穿于节事活动的申办、筹办、运作和善后的全过程之中。它体现于节事策划的主题选择、商业模式选择、组织结构设计、内容编排、效果评估等各个环节。节事策划的理念按照一定的规则把各种“念头”“创意”“点子”有机地组合起来，把这些策划的各个环节巧妙地黏合在一起，理念就是节事策划的纲，“纲举目张”，策划理念因而使节事成为浑然一体的完整产品。

（三）节事策划的基本理念

不同的节事活动根据其定位和内容的不同，都会形成不同的节事理念，特别是对于商业性的节事活动来说，节事理念还影响着后期商业运作等环节。节事策划应具有人文关怀的理念，也就是基本的可持续发展和环境保护的理念。即和谐的理念和人本的理念。

和谐的理念。《现代汉语词典》关于和谐的解释是：“配合得适当和匀称”。在中国的传统哲学中，讲究“天人合一”“和为贵”，实际上就是讲了一个和谐的概念。从我国目前的时代特征来看，我国正致力于建设“和谐社会”，这一阶段众多的节事活动都是体现地方文化、地方精神、人与自然和谐相处、人与人和谐相处的重要载体。从节日的本意来说，就存在和谐的含义。真正的节日是完全为公众而产生的，许多节日的对象就是群体本身，提供某些东西供人们分享，使大家团结一致，培养一种群体的自豪感。可见，节日本身就是强调了个人同群体、个人同自然、群体同自然的和谐关系。和谐是一切节事活动追求的目标，是追求和谐的策划理念，具体来说，是指节事主题的和谐，各方利益的和谐，以及举办过程中的和谐。

节事主题的和谐是指节事主题要与当地传统文化和地域特色相协调，节事主题要与当今时代潮流和消费趋势相和谐。节事主题既不能拘泥于原有传统，又不能抛弃传统，不能完全照搬外来文化，要对历史传统通过现实的检验，进行扬弃。节事各方利益的和谐是指节事给利益相关者各方面要通过节事策划达到利益的合理界定，对节事利益相关者的合理利益预算给予肯定和满足，使节事活动成为一场“共赢”的活动。节事举办过程的和谐，是指节事举办过程作为一个系统工程，需要在策划中合理计划，统筹安排，达到节事举办过程的顺畅和无事故，未雨绸缪，对节事危机进行防范和控制。

人本的理念。“人本”就是“以人为本”“天地之性，人为贵”。三国时期的刘备说过“济大事必以人为本”（《三国志·蜀书传·先主传》卷三十二）。节事的形式安排要提高人的参与性，节事的目的要体现对人的终极关怀。人是节事举办过程中最活跃的因素。抓住了“人”的节事策划就是好的策划。无论是经济交往还是欢乐庆典，节事都是人的聚集活动，正是由于这种聚集才引发了节事产业的逐渐成形。从另一个方面说，也正是有了大众的参与和大众的“聚焦”，才引发了节事具有了“软媒体”的性质，节事寻求商业才成为可能，也才能够进而实现节事的规模扩大和高效运作。从这个意义上来说，只有先聚“人气”，才能聚拢“财气”。

节事的形式安排以提高人的参与性为目标。目前中国的有些节事活动，走过场、摆样子，没有关注老百姓的需求，成为政府官员、大腕明星的特殊舞台，最终也只能出现不被市场认可，以致政府买单的结局。这正是因为缺乏了最基本的人本理念的指导。节事的目的要体现对人的终极关怀。节事策划的创意理念形成往往取材民间，一旦形成节事活动，需要从民间来、回民间去，以提高人民的休闲、文化、经济生活为最终目标，以促进和弘扬传统文化为最终目标。唯有如此，节事才能获得民间最广泛的支持和认同，实现可持续发展。

四、案例学习

成都脉搏文化传播有限公司活动策划的理念

成都脉搏文化传播有限公司是一家集礼仪庆典、展览展示、晚会及活动策划、大型演艺舞美工程、新闻发布、文化艺术交流为一体的多元化综合性广告及文化传播公司。公司自成立以来一直秉承“专业体现实力，实力创造价值”的经营理念，以打造行业品牌为己任；以质量与服务为先导；以独特创新的思维，先进的设备，打造精品案例；以精准的工作流程，严格的质量服务管理，为客户创造更大的价值。

第一，活动策划必须是创新的。概念创新和理念创新是策划的实质特征，资源整合在一起，能不能产生新的绩效、有没有创新，这是策划的关键，不然就是方案，资源整合所汇集的能量就是创新，没有创新的资源整合过程，我们不认为是策划，策划追求创新，是策划与方案的基本区别，活动策划创新强调经过资源整合进行创新，这与科技创新、经过实验创造发明创新是有区别的，经过资源整合的创新就是策划的精华。

第二，活动策划必须是有资源的。这种资源可能是物质资源，也可能是关系资源或是政府资源，因而这就决定了活动策划必须兢兢业业，它的产生过程是要运用资源的，这是策划的物质根底，没有资源就完全是想象、空想。

第三，活动策划必须是有整合可能性的。也就是说这种资源必须是可以运用的，可以整合在一起的，假如没有整合性，也就没有运用性，不能运用的资源整合在一起，本身就是不可能的，也是一种空想、想象，这是策划的条件。

第四，必须达到一定的预期目的。我们做任何事情都是有一定目的性的，活动策划就应该有目的性，俗话说："无事不谋。"要做事，就应该有方向、有目的，策划是一个行为过程，它不只是人的行为过程，也是资源配置的行为过程，因而达到一定预期目的，是策划的目的，一个人、一个企业、一个国家在做一件事情时，都是有目的性的，目的性在一定水平上的量化过程，就成为目的。因而，达到预期目的是策划的目的。

通过提供专业的庆典、活动策划方案和严密的执行过程，让客户在市场上获得知名度和产品推广效果的达成。

全方位的专业团队负责策划和执行活动的整个流程，包括活动现场的布置和氛围营造等，从细节上突出客户特有的品牌效应。

每次策划和执行活动，都力求做到思路清晰，整个活动环节环环相扣，不紧不慢，做到让参加活动的来宾满意，做到让主办方对策划和执行满意。

任务二　节事活动策划的内容

一、节事活动策划需要考虑的问题

在节事活动策划中，你正准备构思或开始实施时，不妨用下面所列的问题来启迪一下自己的头脑：

你处于哪一行业的舞台？你能使你的产品或服务非常精彩，更能打动观众（消费者）的心吗？

你能创造出一条使人实现梦想的途径吗？你能谨慎小心地推行自己的策划吗？

你如何使你自己的策划“势”大气粗？在策划中你如何借用别人的力量使你自己的策划顺利推行？

你如何设计策划中的高潮和低潮？选准策划实施的多种时机了吗？

你的策划是创造某种纪录吗？你的手法标新立异到足以吸引公众参与吗？

你的策划具有丰富的想象吗？主题是否足够鲜活？

从策划的主题出发，你构思的方案是否吸引人，能够让参加者意犹未尽吗？

你能说服更多有实力的组织或个人支持你的策划吗？你能鼓励更多的人参与你的活动吗？

你的策划是不是仅存于头脑？它的可行性如何？应变性和风险性呢？能立刻付诸实施吗？

节事活动策划是一个经周密考虑后形成的综合总结，为了顺利地推进策划，你有一份详细的计划书吗？策划书要素全部具备吗？

二、节事活动策划的基本要素

节事活动策划的基本要素包括：时间；地点；规模；类型；主题；宗旨；目的；名称；日程；主办单位；承办单位；协办单位；赞助单位；主体内容；配套活动；邀请名单；参加者；形象定位；商业模式；宣传促销计划；新闻发布会；海报、广告、吉祥物、主体口号；开幕式；组织机构和人员分工；行动计划（财务计划、安全计划、接待计划）；现场布置；紧急事件处理；新闻转播和报道；闭幕式；效果评价。

三、节事活动内容策划的具体实施

（一）准备工作

在节事活动内容策划的前期主要有两项重要的工作，首先是对进行节事开发基础条件的分析，即上文提及的节事活动策划前应考虑的一些问题。其次，要整理大众和专家对节事主题的建议，因为活动的主题在很大程度上决定了活动的成功与否，广泛收集意见，可为节事活动后期打下坚实的基础。

（二）实施步骤

第一步进行节事活动的主题策划。在众多的节事主题建议中，选择最佳的节事主题。节事主题一般包括当地文化、习俗、风景、地质、运动项目、工艺、技艺、物产等领域，一定要挑选当地最具独特性的资源。目前，国内整个大环境都为物产、产业类节事活动发展提供了良好的发展机遇。

在节事活动的主题策划中，也要注意以下几点：确定节事主题的内涵，使之与当地其他节事协调，与地区形象相符；确定节事的宗旨、目的、意义和开发方向，让节事活动真正地成为拉动地方经济的助推器；确定节事的名称，节事名称要有新意，要准确、贴切概括节事内容，切忌采用表达含糊的节事名称；确定节事的特征、时间、地点、规模，是专业活动还是市民节日？是全国性活动还是地区性活动？什么时候在哪儿举办？确定基本信息才能在宣传中做到有的放矢。

第二步，进行节事活动的主体内容策划。对很多节事活动来说，开幕式策划尤为关键。节事开幕式通常采用大型文体表演、彩车游行、盛装行进和文艺晚会等形式，对大型文体表演的节目和形式进行策划，对彩车游行线路进行策划等通常是节事活动的亮点。国内有一些节事活动正在从市民节日向专业展览活动转变，因此取消或缩小了节事开幕式。

对展览博览活动来说，主体策划更集中于做好展厅布局和布置，具体包括展厅的装潢、布置、陈列、灯光策划以及市场推广活动的策划。

对大型演出来说，主体策划则是做好大型演出的入场、退场、票务预订、销售、交通限制等策划，做好大型演出现场活动策划。

对于研讨会来说，讨论会也是很多节事活动必不可少的一个内容。对研讨的嘉宾人选、研讨内容、研讨形式进行策划，采取大型会议还是小型专题讨论？或者采取同台交流？举办国内会议还是国际会议？何时与媒体见面？

第三步，对节事活动的辅助活动进行策划，如策划节事期间的欢迎宴会和答谢酒会。节事期间，策划群众文化活动和相关公益活动。主要包括：群众性体育健身运动比赛，如登山比赛等；群众性文化艺术活动，如戏曲大赛、歌曲大赛、围棋赛等，通过这些活动活跃气氛。策划义诊、义卖、义演、义工、科普等公益活动，做好节事宣传，维护良好的公共关系。策划节事最后的旅游活动，设计节后旅游的线路、主要内容、预算，确定承办者和协调人。

第四步，采取广泛手段，灵活地进行营销策划。比如，新闻发布会和媒体见面会，赞助招商活动策划，市场启动仪式，举行倒计时活动。节事歌名、会徽、吉祥物、纪念品。

把当地具有代表性的歌曲作为节事主题歌，或者邀请著名人士谱写新歌，并邀请知名歌星演唱都将提升节事活动的影响力。制作节事海报、广告词、主题口号，则可以调动节事活动的气氛。

第五步，把节事内容落到实处，进行节事实施策划。节事的承办单位是否确定？将节事主体内容板块化分割，查找是否有漏掉的环节。讨论节事实施的程序、步骤和衔接。再次审核和检查财务计划、消防安全计划、接待计划、现场策划。

任务三　会展节事活动策划的工作流程

节事活动策划工作大致分成三个阶段：节事活动前期准备工作，节事活动现场实施工作和节事活动后续总评工作，这是一个从策划到实施再到总结的过程（见图 3-1）。

一、策划需求调查

收集有关活动的各种资料，包括文字、图片以及录像等活动资料。对收集的资料要分类编排，结集归档，进行调查和可行性研究。国家关于节事活动方面的政策和法规、公众关注的热点、历史上同类个案的资讯、场地状况和时间的选择性，都是调查的内容。调查是策划的基础，为策划提供客观可靠的依据。但是要特别强调的是，千万不要盲目地相信调研数据，一定要把数据和经验结合起来。

二、确立策划目标

目标就是策划所希望达到的预期效果，是策划的起点。节事活动策划要确立明确目

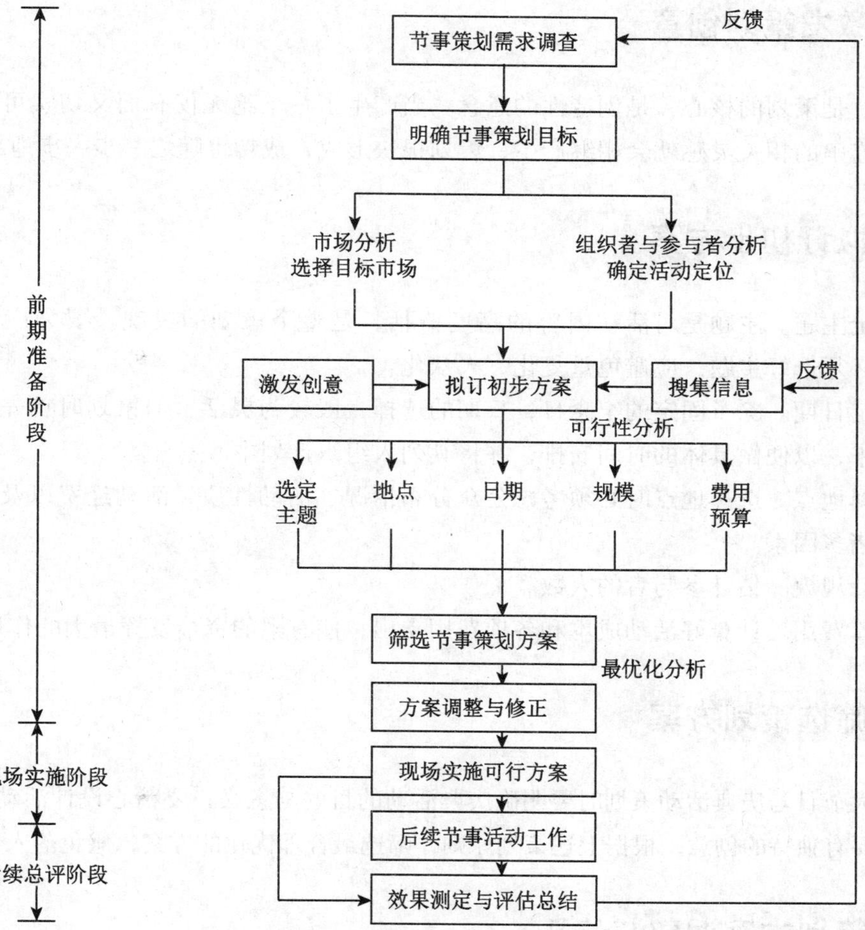

图 3-1　会展节事活动策划工作流程

标，如果没有目标或目标不明确，方案则无法开始或者可能导致失误。从节事活动策划工作的特性出发，在明确目标的过程中，应建立在以下基础上：第一，选择目标市场。通过市场分析，选择目标市场。第二，确定活动定位。通过对组织者与参与者进行分析来确定活动定位。

三、收集策划信息

信息是策划的基础和素材。成功的策划，是创造性思维的过程及结果，是策划者在头脑中把多种有效信息组合成创意、灵感。每一项成功的策划，都包含有策划者对特定信息的思维组合，为拟订初步策划方案提供材料。

四、激发策划创意

创意是策划的核心，是创造性的意念。当产生了一个绝无仅有而又切实可行的创意时，一连串的相关灵感就会相继产生，策划很快形成，成功也随之一步一步地靠近你。

五、拟订初步方案

选定主题。主题是对活动内容的高度概括，是整个策划的灵魂。要为广大公众接受，就必须选好主题，应避免重复化、大众化。

选定日期。除了固定的纪念日，日期的选择一般较为灵活，但策划时首先要将日期确定下来，以便做具体的时间安排，并将其列入组织计划中。

选择地点。选择地点时必须考虑公众分布情况、活动性质、活动经费以及活动的可行性等诸多因素。

估计规模。估计参与者的人数。

预算费用。计算好活动成本和各项费用支出，使有限的资金发挥最大的作用。

六、筛选策划方案

重大节日与庆典活动策划时要明确庆典活动的目的与意义，要精心设计活动的形式和内容，要有独特的创意，根据上述策划原则，筛选最合理优化的方案，避免落入俗套。

七、策划方案调整与修正

在选定策划方案后，还要根据节事活动策划的动态性原则对策划方案进行调整和修正，以满足节事活动举办的需求。

八、实施方案

根据策划方案进行具体实施，尤其体现在活动的现场管理之中。

九、后续工作和评估总结

对活动进行评估，做好节事活动后期服务工作。总之，节事活动策划不仅是一项十分复杂的系统工程，而且具有很强的创造性，在策划过程中，要不断推陈出新，通过新颖别致的方法、周密的计划、精心的安排，来达到出奇制胜的效果。

任务四　会展节事活动策划书的写作

一、策划书的写作

节事活动策划就是为了活动的成功进行，对节事活动的全局性、整体性进行战略规划。它包括从构思、分析、归纳、决策，到制订方案、选择方案、实施方案最后总结评估的过程。把策划过程用文字完整地记录下来就是节事活动策划的写作。

策划的种类很多，写法也很灵活，没有固定的写作模式，因此这里只论述策划方案的基本结构和基本要求。节事活动策划书的写作结构和要求如下：

（一）标题

节事活动策划书的标题通常由两部分组成：策划的对象名称和文种，如“上海旅游节策划方案”。

（二）文头

在标题下方依次排列下列内容：策划书的名称、策划者的姓名、策划书完成的日期、策划书的目标。策划书的名称和标题相同，策划者的姓名除了策划者的名字外，隶属的单位、职位均应写明。策划书完成的日期也包括修改的日期。策划书的目标写得越明确具体越好。

（三）正文

正文由策划书的前言和策划书文本两个部分组成。

前言包括：策划的缘起、背景资料、问题点和节事活动创意的关键等。另外，也可以加上序文、目录、宗旨。序文把策划书所讲的概要加以整理，内容简明扼要，让人一目了然。目录务必要能让人了解策划的全貌。宗旨主要是对策划的必要性、社会性、可行性等问题的具体解说。

策划书文本包括：基本事项、策划设计、宣传和推广、预算、策划进度表、有关人员任务分配表、策划所需物品及场地、策划的相关资料、效果评估等。策划书文本的内容是方案最重要的部分，因策划的类型不同而有所变化，但内容应具体，可操作性强，避免空洞枯燥和强词夺理等。

具体如下：①市场背景。分析市场需求、市场热点；②活动分析。分析活动特性，以此来为节事活动确定基调；③目的。一般的节事活动目的分为创建或提高知名度、增加现场销售、传达信息、诠释产品理念、展示活动特色等；④主题与形象。提出具有创意的节事活动主题和活动传播口号，并详细阐释节事活动主题的内涵；⑤组织结构和任务分配。节事活动策划实施的工作组织的结构构成及人员组成与分工；⑥宣传推广计划。针对节事活动主题，需要其他媒体，如报纸、广播、电视、网络等的配合，拟订计划；⑦预算。针对节事活动方案和传播计划，分别算出节事活动成本活动价和门票等对外报价。必须进行周密的预算，使各种花费控制在最小规模内，以获得最佳的经济效益。在预算经费时，为方便起见，最好绘制表格；⑧策划进度表。把策划活动全部过程拟成时间表，标示清楚何月何日做何事，作为检查策划的进展情况；⑨现场规划及执行流程。现场勘探—拍照—画规划图—设定节事活动总规划图—现场布置—资源配置；⑩效果评估。评估是否达到节事活动目的，以及主题与产品和目标受众是否一致，对他们是否有足够的吸引力。

专业的策划应该是具体的，策划书也重在操作思路、运营手段和应变能力。此外，还要求策划人能将眼界拓宽，在把握策划主线的时候，能将外部资源整合进自己的设计框架之中，从而丰富自己的策划内容，建立多层次、多角度的策划体系。

二、活动策划书写作的注意事项

编写节事活动策划书为达到最佳效果，在编写中应坚持原则，注意一些问题。①在编写中要坚持实事求是的原则。策划书既是一种创新性劳动，也是一项科学严谨的工作，要一切从实际情况出发；②在编写中要为开展过程中的变化留一定的空间。活动策划书类似于工作计划，虽然要求科学严谨，但是也要考虑到一些可能发生的突发事件，以及一些不可预见的因素，要在编写时为可能产生的变化留一定的空间，有时甚至要另有一套备用方案；③在编写活动策划书时，也应力求文字简洁生动、表现方式变化多样。为更好地表达编写者意图，避免晦涩、枯燥，在表现方式上可以插入表格、图形（包括现场图、示意图等）、示例、影像资料（包括照片、录像）以及电脑特技。特别要说明的是，近年来电脑技术被越来越广泛地使用，而且产生了很好的效果。例如，通过电脑制作的大型节事活动，就可在策划书中事先展现现场效果。在国际文化交流中，一些如 Word、Powerpoint、3D 动画等国际通用的电子文本更易被国外人士理解、接受。

总之，节事活动策划书，虽然不是新生事物，但是由于没有一定的编写规范，还有待经验丰富的节事活动工作人员共同研究、探讨，为节事活动策划工作规范化、科学化做出新的尝试。

三、拓展阅读

策划文案岗位必读

一、策划与创意

1. 策划与创意源于文化的底蕴，生于思维的碰撞，精于阅历的积淀。

2. 策划总要求有新的创意，并直接针对市场和销售。

3. 策划和创意要求从业人员是专家，而非仙家；是解决问题而非点石成金。

4. 策划创意是团队组织行为、专家行为、工业化流程行为相结合的智业产业，是一项长期持久的事业。

二、策划文稿的撰写

1. 三大忌讳。一忌空洞无物、闭门造车。二忌辞藻堆砌、华而不实。三忌文笔不畅、别字先生。

2. 文章是思维的外在体现，低劣的稿件将给公司形象造成不可弥补的损失。

3. 策划人这个岗位总要面临各种新鲜的事物，要求从业者能在最短时间对项目做尽可能深入的了解。

4. 策划离不开深入细致的调查研究。策划人在撰写文稿前必须先对相关领域进行“速成学习”，尽快由一无所知变成行家里手。例如，撰写“纪念西藏和平解放五十周年五十位知名画家大型笔会”，不知道“一纸三裁”，不知道吴冠中，不了解作品的行情，是谈不上做知名画家笔会策划的。当今国内知名画家屈指可数不过二十余位，仅仅为纪念五十周年，便生拉硬拽“五十位知名画家”，题目已然引得行家纷纷耻笑，更不要谈得到业务了。只有经过调查研究，走出去了解情况，脑子里有东西了，再动笔才能写出好的策划文案。

5. 调查研究的方法很多。最有效的是拜访业内前辈行家，此外还有查阅文献资料、对客户做访谈等。

6. 策划人应时刻关注时事动态、新闻政策，这样才能找出符合时代的亮点、避免不必要的忌讳、得到客户的认可。

三、文案要使用规范的格式录入，并养成良好的、训练有素的办公习惯

给客户的策划稿件一般应套用公司规定形式的页眉、页角、页码，并使用规范的 Word、Excel 文档格式排版、编号。若打印协议书一类的正规文件，一般应遵循“标题用黑体，正文用宋体”。

电脑录入时要编写恰当、易分辨的文件名，而不要随意敲出一个名字。发送 E-mail 时同样要编写一个恰当、易分辨的邮件主题名称，以便于客户阅读。

四、节事活动方案参考模板

节事活动策划方案结构

前言：介绍节事活动背景和主要内容

一、前期准备

（一）活动目的、意义

（二）活动策划重点（几个活动的重点）

（三）活动主题（新颖）

（四）活动名称（“新颖的词汇”——第几届……）

（五）活动时间（2~3 天）

（六）活动地点（活动所在的城市）

（七）活动主办单位（一般是政府）、承办单位（政府指定的单位）、赞助单位（品牌公司）等

（八）活动日程（时间、地点、内容）

（九）活动邀约工作

嘉宾邀请（向企业馆的知名人士、代言人什么时间发出邀请函？需要邀请函）

媒体邀约（具体单位、什么时间？怎样邀请？不需邀请函）

其他邀请（还需要什么邀请?）

（十）活动宣传：先根据具体宣传方式和宣传内容设计（具体涉及描述）短时间的宣传片、时间段、具体什么频道、先出现什么画面？找经典的案例（展览）希望能吸引更多的当地人、外地人（企业主体是什么?）。创新，了解更多的宣传方式，先策划简单的宣传方式，找一些更新颖的宣传方式，如广告宣传（公益、赞助、公关活动、新闻发布会）、节事宣传（形象代言人选拔，包括海选、了解活动、初赛、预赛）、园艺博览会（前期宣传）

（十一）接待安排（主要嘉宾）

膳宿安排

交通安排

礼品安排

其他安排

（十二）人员分工（分工小组及具体任务）

（十三）费用预算

（十四）其他事项（具体的背景补充、有自己的创新）

二、中期操作

（一）活动第一天安排（某月某日）

开幕式（有文学色彩的名字）

时间：××××

地点：××××

参加人员和主持人：

活动具体安排：1. 由××宣布活动开始 2. 什么人说什么话?（政府官员发言）3. 小活动穿插

场地布置：（台上、台下、周围布置）

设备用品：××××

某某活动

某某活动

（二）活动第二天安排

某某活动

某某活动

某某活动

三、后续工作（感谢、宣传）考虑周到，达到什么目的?

四、应急方案

五、预期效果评估（希望达到什么效果）

五、节事活动方案赏析

“重庆火锅文化节”策划方案

经过近10年的发展，重庆火锅红透大江南北，并为重庆赢得“中国火锅之都”殊荣。为了让世界通过重庆火锅更加关注新重庆，重庆可再次举办“重庆火锅文化节”展示城市新形象，传播火锅新文化，开展国际新交流；另一方面，应不断总结办节经验，打破传统办美食节的方式，让市民融入其中，真正达到“食以人为本，节以人为乐”的效果，营造出“食人合一”的节日气氛！

举办“重庆火锅文化节”，旨在提升中国美食与重庆火锅的国际竞争力。然而，当今国际市场竞争的撒手锏有二：一是标准；二是文化。令人感到欣慰的是，重庆火锅实质卖的就是一种标准，一种文化。实践将继续证明，重庆火锅是重庆最能全国化，甚至全球化的特色产业。因此，重庆上下应举全力办好属于重庆、属于世界的重庆火锅文化节。

一、活动目的

通过节日活动，让世人进一步了解火锅、认识火锅、喜欢火锅，从而提升重庆火锅的国际竞争力。

二、活动原则

安全第一，大众参与，体面轻松，皆大欢喜。

三、活动卖点

主题化、大众化、互动化。

四、活动理念

像重庆火锅一样，越麻辣越要烫！

五、活动主题

感受欢乐，释放激情。

六、活动组织

1. 组织机构；2. 工作分工；3. 协调联络；4. 对外宣传；5. 安全保障。

七、活动内容

（一）准备期

1. 举行新闻发布会，传递首届重庆火锅文化节的目的、原则、卖点、理念、主题等信息，唤起全市各方面的关注和支持。

2. 组织好对广告公司、公关公司的招标工作，严格按市场化的方式运作，优选协办单位。

3. 加强对外联络，协调合作关系，解决冠名赞助，确保基本费用。

4. 通过报纸向社会有奖征集重庆火锅文化节标识、吉祥物以及重庆火锅形象广告语和歌曲。

（二）举办期

朝天扬帆正当时，重庆火锅乐盛世。

1. 开幕式（晚上）

主题：创造生活，创造欢乐。

方式：主会场与分会场互动，做到简短、意深、形美、乐人。

形式：主会场设在朝天门（象征重庆火锅寻根清源），分会场设在各条美食街，并通过彩车队流动助兴的方式把分会场“串”起来。

内容：①主会场——举行开幕仪式，嘉宾致贺词，李双江高歌《川江号子》，彩车队“扬帆”，电视进行直播，仪式完成后嘉宾登游船观江景；②分会场与主会场互动，嘉宾致贺词，打锣打鼓、舞龙舞狮、唱歌跳舞等助兴；③彩车队分两组：一组从朝天门出发—南滨路—直港大道—南方花园—大渡口；另一组从朝天门出发—江北区—沙坪坝（随后每天彩车队都有活动安排）。

2. 品牌火锅形象展示（第一层面）

主题：有滋有味，多姿多彩。

方式：设固定的展区，邀请国内、国外品牌火锅参展。

形式：通过火锅宴，展示品牌及其文化形象。

内容：①火锅宴的实物艺术形态；②火锅宴的文化展示；③火锅宴服务人员的仪表姿态。

展区建议设在较好的会展中心内，让重庆火锅这个城市名牌更加体面。

3. 重庆火锅店促销活动（第二层面）

主题：更欢乐，更轻松。

方式：凡在重庆境内的合法火锅店，均可申请参加本项活动。

形式：价格优惠，借节日开展促销。

内容：在重庆火锅文化节期间，对消费者一律实行16%的价格优惠，愿重庆火锅给消费者的生活带来“一帆风顺”。另外，重庆火锅品牌形象店可组织搞一些“更欢乐，更轻松”的促销活动。

4.“串串香”闹秋夜（第三层面）

主题：吃夜火锅、喝夜啤酒、观夜江景。

方式：邀请品牌火锅企业参加，争取啤酒企业赞助。

形式：在北滨路江边设露天临时卖场，采用“串串香”的模式经营，满足重庆人的码头情结和坝儿情绪，达到“不是狂欢，胜似狂欢”的节日效果。

内容：①采用“串串香”的模式经营；②参加企业用简易方式划定经营场地；③经营场地周围插上彩旗和显眼的品牌大旗；④消费者每人15元随便吃。

5. 辣妹子形象大赛

主题：麻辣妹子，韵味无穷。

方式：凡在重庆出生的16~26岁的女性，均可报名参赛，邀请有关品牌企业冠名。

形式：观赏、评比、电视传播。

内容：①除常规评选方法外，在智力测试方面出有关重庆火锅的题；②重庆火锅文化节组委会与重庆电视台联合举办；③本活动拟成为感动来宾的重头戏。

6. 彩车队助兴活动

主题：动起来，乐起来。

方式：品牌火锅出资，汽摩企业协助，专业人员制作，联合统一行动。

形式：通过彩车展示品牌火锅形象，扩大节日活动范围，塑造火锅整体形象，增添节日活动气氛，满足市民求乐心理。

内容：①摩托车队开路，造型为小帆船，象征“千帆竞渡，火锅赶海”；②彩车费用力争控制在2万元之内，品牌企业可认定1~3辆；③彩车品牌企业自定主题，统一车型，由专业人员制作；④除主城区外，根据区县的申请，尽力安排前往助兴。

7. 重庆火锅发展论坛

主题：欢乐使者，重庆火锅。

方式：会议、报纸征文。

形式：专业人士参加会议，市民参与征文。

内容：①邀请政府有关领导、专家、学者、火锅企业代表参加研讨会，论坛成果汇编成册；②在相关报纸栏目中举办有奖征文活动，并由企业冠名，暂定名称为："××杯"我与重庆火锅；③在总结表彰大会上为获奖者颁奖。

8. 闭幕式

主题：感受欢乐，释放激情。

方式：国外艺术家在人民大礼堂内演出，彩车队在人民广场助兴。

形式：邀请国外充满激情的民俗艺术表演团为闭幕式助兴，让人感受到重庆火锅融入国际所带来的欢乐气息。

内容：①嘉宾致闭幕词；②国外表演团演出；③演出完后主持人宣布首届重庆火锅文化节闭幕。

八、活动其他

1. 开幕式、闭幕式建议与第五届中国美食节合并举行，即主题可以共用。

2. 彩车队可由重庆火锅企业和重庆餐饮企业共同组建，代表重庆餐饮的整体形象。

3. 主会场、分会场的重庆火锅企业应与餐饮企业携手互动，共同把本会场的活动搞好。

4. 主会场、分会场向广告公司招标，由中标者落实经费和布置会场；组委会统一协调，按会场要求验收。

5. 彩车制作要求较高，力求达到彩灯效果，须请自责专业人员制作。

6. 重庆火锅和重庆汽摩均为重庆城市名片，应相互借力、相互整合、相互受益，希望重庆长安集团和重庆摩托车骨干企业给予支持，借一些汽车和摩托车制作彩车。

7. 闭幕式演出，采用市场化动作，通过招标的方式落实承办单位。

8. 做好组织落实、任务落实、经费落实、宣传费落实、安全落实。

9. 本届重庆火锅文化节，拟对积极参与、表现突出和反映很好的单位颁发"欢乐使者"奖，此外不再设其他奖项。在总结表彰大会上颁奖。

10. 组委会下面设分会（以美食街为单位），争取当地政府部门支持，努力让市民"感受欢乐，释放激情"。

任务解决

琳达所要解决的问题是一次公司活动的策划，完成本次任务，琳达首先要与老板沟通，与员工交流，了解到各自的需求，在此基础上选取活动的主题，并根据实际情况对这个活动进行策划。在策划的过程中，琳达单靠自己是无法完成任务的，她需要组建自己的策划小组，帮助她完成本次活动的策划。

实训任务

为凸显校园文化，推进校园文化建设，在中秋节来临之际，特面向全院师生征集中秋节校园文化主题活动。

要求：活动要借中秋节的契机，打造一次特殊的节事活动；

活动主题新颖，既能体现学校的特色，也能彰显青春的热情；

策划方案具有可操作性，能够指导实施；

作品提交的方式为策划书一份，活动说明 PPT 一份。

任务分析：

这是一次典型的校园节事活动策划，涵盖了节事活动策划的众多环节，要完成本次任务，需要熟悉节事活动策划的流程，了解各个环节涉及的具体工作，并在此基础之上，编写活动的策划书。

操作步骤：

1. 组建策划团队，进行前期调查，资料查找的准备；
2. 在前期准备的基础上，选取活动的主题；
3. 反复讨论主题，并在此基础上进行活动的策划；
4. 撰写策划方案和相关文档；
5. 提交。

项目内容小结

节事策划是节事活动的起点，也是节事活动中最关键的环节，好的节事策划不仅能够把当地精神同时代精神进行创造性的结合，保证了文化上的可持续性，也保证了经济上的可行性。

自我评估

为你的班级策划一次有主题的班级活动，并撰写一份完整的策划书。

会展节事活动的市场营销

项目四

导读职业能力目标

了解会展节事市场营销的概述，熟练分析会展节事活动消费行为分析和目标市场，能够掌握会展节事活动营销战略，熟练掌握会展节事活动营销的实施和评估。

任务导入

中国马术节是成都乃至中西部地区影响力最大、专业性最强的国家级马术品牌盛会，是向全国展示成都马术的舞台，更是促进中外马术运动交流学习的平台，也是成都运动休闲和文化旅游产业融合式发展的精品项目。

从2011年中国马术节登陆成都温江以来，迄今温江已连续成功举办了两届，积累了组织国家级顶级赛事的丰富经验，此次赛事各项准备工作正在有条不紊地推进，赛场及相关配套设施全面实现提档升级，一场更有品位、更加精彩绝伦的马术盛会即将呈现在世人面前。为加快建设以马术运动为核心的成都国家体育产业基地，大规模聚集发展马术运动休闲项目和品牌赛事，全力推进马术产业在温江集群化、高端化发展，努力建设产业更发达、环境更生态、社会更和谐、生活更美好的幸福美丽新成都而不断努力。

2016中国马术节将于2016年11月9~12日在成都市温江区马术体育公园举行，它将继续以“和谐、健康、畅享”为主题，为广大马术爱好者和业界呈现多场精品赛事和丰富的文化活动。2013中国马术节精品赛事包括中国马术节场地障碍大奖赛、中国马术节三项赛、全国速度赛马巡回赛总决赛、四川省马术绕桶赛、成都市首届青少年马术技能比赛；文化活动包括2013中国马术节开幕式、2013中国马术节志愿者甄选、马术节嘉年华及相关活动。这是一次马术交流的盛会、是马术爱好者的嘉年华、更是推动成都马术运动发展的峰会。

如果你作为本次中国马术节的营销经理全面负责本次节事活动的营销工作，你将如何开展本次工作呢？

任务一　会展节事市场营销的概述

一、会展节事活动市场营销的定义

会展节事是节庆、事件等精心策划的各种活动的简称，其形式包括精心策划和举办的某个特定的仪式、表演、演讲和节庆活动，还包括各种传统节日、节假日以及在新时期创新的各种节日和事件活动。

会展节事活动市场营销是指会展节事活动的主办者为了吸引更多的客户和公众的关注与参与，提高会展品牌的价值和影响力，通过价格、服务、形象设计、宣传等多种手段所采取的一系列市场推广活动。会展节事活动市场营销是一项复杂的系统工程，要成功地将会展节事活动推向市场，需要周密的策划，通过系统化营销实现。会展节事活动市场营销是一个通过市场调查确立营销目标，组合运用各种营销手段，进行信息传达、客户互动、宣传推广、活动项目销售等活动最终达到会展节事项目销售目标的一个营销过程。

会展节事活动市场营销的主体主要包括节庆活动的组织者和参展商，可与城市营销、地方形象推广结合。会展节事活动市场营销的客体为某次具体的会展节事活动。

二、会展节事活动市场营销的特点

1. 节事主题、口号的重要性

节事主题和广告宣传口号是节事营销的核心要素，也是节事活动创品牌的基础。北京奥运会的主题口号“同一个世界，同一个梦想”（one world，one dream）很精练，凝聚了人类追求美好未来的共同愿望，体现了“人文奥运”的核心，体现了和谐的理念和价值取向。

2. 活动参与者的广泛性

节事活动一般都具有庆典性质，老百姓的参与程度越高，活动就越成功。在进行节事营销策划时，要特别注意从消费者需求出发，依靠群众智慧，采用百姓喜闻乐见的形式。

3. 营销手法的创意性

节事营销往往需要有独特的创意，或寻找到一种新奇的载体。如北京奥运会开幕式的卷轴画设计和横空出世的29个焰火大脚印都属神来之笔，令人击掌赞叹！

4. 营销手段的组合性

节事营销要充分发挥一切可利用资源，多头出击，善打“组合拳”。

三、会展节事活动市场营销的原则

节事（Event）通常指有较强影响力的大型活动，作为一种高产出并能提高主办地国际知名度的产品，在国际市场上的竞争是非常激烈的，它包括国际会议或展览会、重要体育赛事、旅游节事以及其他能产生较大轰动效应的活动。尽管节事举办方式多种多样，但节事营销都要遵从3Es原则（小伦纳德·霍伊尔，2003）——娱乐性（Entertainment）、兴奋性（Excitement）和冒险性（Enterprise）。不管是为某次会议还是某项颁奖晚会做营销宣传，这3个因素对于各种节事获得成功都是至关重要的。

（一）娱乐性

多年前，人们需要走出家门，专程到剧院或运动场才能获得享受。然而在现今社会里，娱乐活动随处可见，人们已被电视、CD、DVD、计算机和录像等家庭娱乐活动所围绕。因此，节事市场营销成功的关键在于提供某种与众不同的娱乐活动，促使观众再次走出家门去体验在家里无法获得的感受。

乔治·普雷斯顿·马歇尔（George Preston Marshall）策划的红人队橄榄球赛被视为营销节事活动娱乐性的典范。红人队的比赛就像是一场情节紧凑的滑稽剧，时间安排、球场布置、音乐、统一步调、看台布景、送水的小孩以及芭蕾舞曲应接不暇，最令人惊奇的就是居然还留有橄榄球比赛的时间。马歇尔将红人队的橄榄球赛宣传成周日下午的一项全方位的娱乐活动，而不只是一场橄榄球比赛。他吸引的对象不只是球迷，是家庭全体成员。

（二）兴奋性

兴奋或许有些难以捉摸，但它又是客观存在的。兴奋对于某项节事活动能否给人留下深刻印象有重要影响，要想制订有效的节事营销计划就应该始终将这一点考虑进去。无论促销什么，兴奋性都应成为承诺的一部分，并确保将这一信息传递给公众。

比尔·维克（Bill Veeek）在营销棒球比赛时，雇用了一名侏儒戈戴尔加入印第安人队，并对此大肆炒作了一番。在一场比赛的关键时刻，这名侏儒被派上场击球，全场观众疯狂起来。困惑的投球手没有投到狭窄的击球区，而戈戴尔却打出一个全垒打。尽管美国棒球协会的主席不欣赏这种做法，并禁止戈戴尔参赛，但这一独特的营销策略却完全符合“兴奋性”原则，几十年后的今天，这次活动仍然在各地球迷的心里留有深刻的印象。

（三）冒险性

埃皮克提图（Epictetus）在韦氏全解大词典中对冒险的定义是：相对其他事物而言，冒险是做好冒风险的准备或尝试未曾尝试的东西、充满活力和进取心。节事营销者必须抓住人们冒险的本性，即人们愿意体验新事物、希望能将这些体验对亲朋好友讲述的特性。

任务二　会展节事活动消费行为分析和目标市场分析

一、会展节事活动消费行为分析

市场营销以创造价值和传递价值为主要内容。市场营销可以预测顾客需求，通过一系列活动来营销目标市场的喜好和选择，即激发和引导需求。需求指针对特定产品的欲望，这种欲望需满足两个条件：一是消费者愿意购买；二是有支付能力。营销要深入分析市场需求和顾客利益，进而设计和销售适销对路的产品和服务，并不单纯描述产品的物理性质或优质服务。产品层次包括核心产品、一般产品和延伸产品。核心产品是指顾客所购产品的使用价值；一般产品指产品的外在形态，即产品使用价值的载体，包括有形与无形的服务概念等；延伸产品指顾客购买产品时获得的所有扩展性的服务和利益，如产品信誉、送货和储存、安装调试、咨询、技术培训等。顾客价值是指顾客拥有和使用某种产品所享受的利益与获得该产品所需成本之间的差别。交易双方交换的是彼此拥有的价值，除此以外还要与一切目标受众建立和保持长期的关系。

营销的“5W”是所有产品营销的基础，节事产品也不例外。对其内涵的理解应有自己独特的内容。首先，“为什么”（why）——为什么这些人要花费时间和金钱来参加你的活动？你一定要说明你的节事的独到之处，能给他带来多大的收益；“谁”（who）——我们在对谁进行节事营销；什么时候（when）——时间的正确选择就是一切；在哪里（where）——节事的地点可以成为推动销售的一个基本要素；做什么（what）——每个节事都是独特的，都要为客人带来新鲜感和刺激感（见表4-1）。

表4-1　营销的“5W”

1. 为什么（why）	• 强调收益 • 描述节事的主要原因 • 使用人员推销手段 • 需求诉求
2. 谁（who）	• 受众范围（全国的、区域内的、洲际的、地方性的） • 受众的原则和兴趣 • 受众对节事性质的认知 • 经验等级（从生手到专家）

续表

3. 什么时候（when）	• 市场营销计划/方式 • 一天中的时间选择 • 一周中的时间选择 • 一年中的时间选择（季节）
4. 在哪里（where）	• 会场的独特性 • 方便性 • 旅行者可到达性 • 地方支持的可获得性
5. 做什么（what）	• 解释节事的目的 • 明确和创造期望 • 项目特点的优先和识别 • 回顾关于“谁”（who）的准则

二、市场细分

（一）市场细分的定义与类型

市场细分（market segmentation）是指营销者通过市场调研，依据消费者的需要和欲望、购买行为和购买习惯等方面的差异，把某一产品的市场整体划分为若干消费者群的市场分类过程。市场细分是美国市场学家温德尔·史密斯（Wendell R. Smith）于20世纪50年代中期提出来的。每一个消费者群就是一个细分市场，每一个细分市场都是具有类似需求倾向的消费者构成的群体。

市场细分从消费者需求的差异性出发，从中寻找具有共同消费需求的消费者组成一个细分市场。社会发展程度越高，需求的异质性越大，市场细分化程度必然越高。为了在众多品牌中脱颖而出，不少企业已经开始由直接价格竞争转向非价格竞争的策略。他们根据不同消费者的需求，实施市场细分策略，在原有产品定位清晰的前提下，努力创造新的市场机遇。著名学者兰晓华认为市场细分有两种极端的方式——完全市场细分与无市场细分。在该两极端之间存在一系列的过渡细分模式。

1. 完全市场细分

所谓完全市场细分就是市场中的每一位消费者都单独构成一个独立的子市场，企业根据每位消费者的不同需求为其生产不同的产品。理论上说，只有一些小规模的、消费者数量极少的市场才能进行完全细分，这种做法对企业而言是不经济的。尽管如此，完全细分在某些行业，如飞机制造业等行业还是大有市场的，而且近几年开始流行的“定制营销”就是企业对市场进行完全细分的结果。

2. 无市场细分

无市场细分是指市场中的每一位消费者的需求都是完全相同的，或者是企业有意忽略消费者彼此之间需求的差异性，而不对市场进行细分。

就消费者市场而言，细分变量，归纳起来主要有地理环境因素，人口统计因素，消费心理因素，消费行为因素，消费受益因素等。就有了地理细分、人口细分、心理细分、行为细分、受益细分这五种市场细分的基本形式。

地理细分：国家、地区、城市、农村、气候、地形。

人口细分：年龄、性别、职业、收入、教育、家庭人口、家庭类型、家庭生命周期、国籍、民族、宗教、社会阶层。

心理细分：社会阶层、生活方式、个性。

行为细分：时机、追求利益、使用者地位、产品使用率、忠诚程度、购买准备阶段、态度。

受益细分：追求的具体利益、产品带来的益处，如质量、价格、品位等。

（二）市场细分的主要作用

1. 有利于选择目标市场和制定市场营销策略

市场细分后的子市场比较具体，比较容易了解消费者的需求，企业可以根据自己的经营思想、方针及生产技术和营销力量，确定自己的服务对象，即目标市场。针对较小的目标市场，便于制定特殊的营销策略。同时，在细分的市场上，信息容易了解和反馈，一旦消费者的需求发生变化，企业可迅速改变营销策略，制定相应的对策，以适应市场需求的变化，提高企业的应变能力和竞争力。

联想的产品细分策略，正是基于产品的明确区分，联想打破了传统的“一揽子”促销方案，围绕“锋行”“天骄”“家悦”三个品牌面向的不同用户群需求，推出不同的“细分”促销方案。选择“天骄”的用户，可优惠购买让数据随身移动的魔盘、可精彩打印数码照片的3110打印机、SOHO好伴侣的M700多功能机以及让人尽享数码音乐的MP3；选择“锋行”的用户，可以优惠购买“数据特区”双启动魔盘、性格鲜明的打印机以及“新歌任我选”MP3播放器；钟情于“家悦”的用户，则可以优惠购买“电子小书包”魔盘、完成学习打印的打印机、名师导学的网校卡以及成就电脑高手的XP电脑教程。

2. 有利于发掘市场机会，开拓新市场

通过市场细分，企业可以对每一个细分市场的购买潜力、满足程度、竞争情况等进行分析对比，探索出有利于本企业的市场机会，使企业及时做出投产、异地销售决策或根据本企业的生产技术条件编制新产品开拓计划，进行必要的产品技术储备，掌握产品更新换代的主动权，开拓新市场，以更好地适应市场的需要。

3. **有利于集中人力、物力投入目标市场**

任何一个企业的资源、人力、物力、资金都是有限的。通过市场细分，选择适合自己的目标市场，企业可以集中人、财、物及资源，去争取局部市场上的优势，然后再占领自己的目标市场。

4. **有利于企业提高经济效益**

前面三个方面的作用都能使企业提高经济效益。除此之外，企业通过市场细分后，可以面对自己的目标市场，生产出适销对路的产品，既能满足市场需要，又可增加企业的收入；产品适销对路可以加速商品流转，加大生产批量，降低企业的生产销售成本，提高生产工人的劳动熟练程度，提高产品质量，全面提高企业的经济效益。

（三）市场细分的基本原则

企业进行市场细分的目的是通过对顾客需求差异予以定位，来取得较大的经济效益。众所周知，产品的差异化必然导致生产成本和推销费用的相应增长，所以企业必须在市场细分所得收益与市场细分所增成本之间做一权衡。由此，我们得出有效的细分市场必须具备以下原则：

（1）可衡量性。即市场特性的可衡量性，指各个细分市场的购买力和规模能被衡量的程度。如果细分变数很难衡量的话，就无法界定市场。

（2）可营利性。即市场开发的效益性，指企业新选定的细分市场容量足以使企业获利。

（3）可进入性。即进入市场的可行性，指所选定的细分市场必须与企业自身状况相匹配，企业有优势占领这一市场。可进入性具体表现在信息进入、产品进入和竞争进入。考虑市场的可进入性，实际上是研究其营销活动的可行性。

（4）差异性。即市场细分标志的动态性，指细分市场在观念上能被区别并对不同的营销组合因素和方案有不同的反应。

三、市场细分的四类变数

（一）地理变数

按地理变数细分市场就是把市场分为不同的地理区域，如国家、地区、省市、东部、西部、南方、北方、城市、农村、山区、平原、高原、湖区、沙漠等。以地理变数作为市场细分的依据，是因为地理因素影响消费者的需求和反应。各地区由于自然气候、交通通信条件、传统文化、经济发展水平等因素的影响，形成了不同的消费习惯和偏好，具有不同的需求特点。比如，生活在我国不同区域的人们的食物口味就有很大差异，俗话说“南甜北咸，东辣西酸”，也由此形成了粤菜、川菜、鲁菜等著名菜系。又比如，我国不同地区的人洗浴习惯各不相同，由此形成对香皂的需求也不同。

（二）人口变数

人口变数细分是按年龄、性别、家庭人数、生命周期、收入、职业、教育、宗教、民族、国籍、社会阶层等人口统计因素，将市场细分为若干消费群体。例如，可以把服装市场按照“性别”这个细分变数分为两个市场——男装市场和女装市场。如果再按照“年龄”这个细分变数又可以分出七个细分市场——童装市场，青年男、女装市场，中年男、女装市场，老年男、女装市场。杭州娃哈哈在建厂之初，一无资金，二无设备，三无技术力量。正基于此，娃哈哈强调要找准自己的目标顾客。通过对全国营养液市场的调查分析，他们发现国内生产的营养液，虽然林林总总已有38种，但都属于老少皆宜的全能型产品，没有一种是儿童专用营养液。而这个细分市场有3亿消费者，即使是1/10也有3000万。中国儿童大多是独生子女，是每个家庭的“掌上明珠”，理所当然儿童营养液市场是一个大市场，这个市场的需求尚未得到开发利用，这是一个大机遇、大空档。于是他们做出了这样的决策——与其生产第39种全能型营养液，还不如生产第一种儿童专用营养液，即选择儿童专用营养液这个细分市场作为目标市场，并制定了一套营销组合策略。正因为如此，娃哈哈在经营上取得了巨大成功。百事可乐当年之所以能从可口可乐公司几乎独霸的饮料市场夺取近半的市场份额，主要得益于市场细分，发展并开拓了美国“新生代”这一可口可乐没有意识到的市场区域，成为新一代的可口可乐。

英国一家小制漆厂，在投产之前对当地室内装饰用漆市场进行了调查研究，访问了许多潜在消费者，调查分析他们对产品的各种不同需求。然后对市场进行了细分：油漆市场的60%是一个大的普及市场，这个市场对各种油漆产品有潜在需求，但是，这家制漆厂无力参与这个市场的竞争，因此不予考虑。另外还有四个细分市场：①没有劳动力的家庭主妇市场。这个市场的消费者群的特点是不懂得室内装饰需要什么油漆，但是要求油漆质量好，并且要求油漆商提供设计，油漆效果美观；②油漆工助手市场。这个市场的顾客需要购买质量较好的油漆。替住户进行室内装饰，他们过去一向从老式金属器具店或木材厂购买油漆；③老油漆技工市场。这些顾客的特点是向来不买已经调好的油漆，而是购买颜料和油料，自己调配油漆；④对价格敏感的青年夫妇市场。这一市场消费者群的特点是收入较低，租赁公寓住户在一定时间内必须油刷住房，以保护房屋。因此，这些住户购买油漆，不求质量好，只要比白粉刷浆稍好一点就行，但要求价格便宜。

该厂通过研究，根据自己的人力、物力资源条件，决定选择公寓青年夫妇这一细分市场作为目标市场，并制定了一套营销组合战略：①产品——经营少数不同颜色和大小不同包装的油漆（根据顾客喜爱，随时增加、改变或取消颜色品种和装罐大小）；②分销——分销到目标消费者住宅附近的每一个零售店（该市场地区如果出现新的零售店，立即招徕它订购本厂产品）；③价格——保持单一的低廉价格，没有任何特价（不跟随其他市场的油漆厂家调整价格）；④促销——宣传内容以“低价”“满意的质量”为口号，以适应目标消费者群的需求（定期变换商店布置和广告稿本，创造新颖形象，并变换使用广告媒体）。

这家油漆厂由于选择了适当的细分市场作为目标市场，制定了相应的营销组合战略，尽管出售的是低档产品，但是适应目标市场的需求，因此取得了巨大的成功。

有不少商品，如服装、化妆品等，消费者性别不同，年龄不同，购买的特点也大为不同。例如，不同年龄的女性对护肤品的选择就有明显差异，就我国而言，欧珀莱、可伶可俐、碧柔深受年轻女性的青睐；中年女性则认为大宝是适合自己的洁肤护肤品牌，选择玫琳凯和雅芳的比例也高于青年女性。再者，收入多少、学历高低也直接影响着购买者的购买特点。以香皂为例，根据一些调查资料显示，以两面针、雕牌为代表的国产品牌的消费者学历和收入偏低，夏士莲和力士等国际品牌的消费者收入和学历则偏高一些。

（三）心理变数

在市场营销活动中，常常出现这种情况，即在人口因素相同的消费者中间，对同一商品的爱好和态度截然不同，这主要是由于心理因素的影响。市场细分的心理因素十分复杂而广泛，涉及消费者一系列的心理活动和心理特征。主要包括消费者的个性、生活方式、社会阶层、动机、价值取向、对商品或服务的感受或偏爱、对商品价格反应的灵敏程度以及对企业促销活动的反应等。下面我们就其中的部分因素加以说明。

（1）生活方式。生活方式是指个人或集团在消费、工作和娱乐上表现出的特定的习惯。不同的生活方式往往产生不同的消费需求和购买行为，即使对同一种商品，也会在质量、外观、款式、规格方面产生不同的需求。现在，许多消费者购买商品不仅是为了满足物质方面的需要，更重要的是为了表现他们的生活方式，满足其心理需要，如显示身份、地位、追求时髦等。因此，近年来西方国家的企业十分重视生活方式对企业市场经营的影响，特别是生产经营化妆品、服装、家具、酒类产品的企业更是高度重视。还有一些企业，把追求某种生活方式的消费群当作自己的目标市场，专门为这些消费者生产产品。例如，美国有的服装公司把妇女分成“朴素型”“时髦型”“有男子气型”三种类型，分别为她们设计和生产不同式样、颜色的服装。

瑞士帝豪手表（Tag-Heuer）定位于高速运动中精确计时的手表。因此这家手表商的全球广告口号是“压力之下，毫不屈服”，并赞助了中国澳门汽车大奖赛、澳大利亚帆船大奖赛和中国香港赛马。但并非所有亚洲国家的消费者都有这种精确与运动的生活方式。这家手表商发现中国的企业家没有其他亚洲人那么爱好体育，感觉到它的国际广告对中国人来说可能太体育化，并且太隐晦了，于是这家手表商为中国制作了专门的广告，淡化了体育感，表达更为直接。

生活方式是一个内涵十分丰富的概念，它与消费者的收入、文化素养、社会地位、价值观念、职业等因素密切相关。因此，运用生活方式这一变数细分市场是非常有趣又非常艰巨的工作。但生活方式细分市场并不是不可捉摸的。例如，麦卡恩·埃里克森曾这样描述英国人的生活方式：艺术界先锋（喜欢变化），傲慢（传统的，非常英国化），变色龙（随大流）和梦游者（满足于未发挥的潜能）。1992年，广告代理商达西、马休斯、本顿和鲍尔斯出版了《俄罗斯消费者：新视野与营销方法》，它揭示了5种俄罗斯消费者：商人，哥萨克，学生，企业经理和俄罗斯灵魂。其中，哥萨克的特点是有抱负、独立的和追求地位，驾驶宝马车，抽登喜路香烟和喝人头马；俄罗斯灵魂则是消极的、害怕选择和充满希望，他们驾驶拉达车，抽万宝路香烟，喝斯米诺夫伏特加。

（2）社会阶层。由于不同的社会阶层所处的社会环境不同，成长背景不同，因而兴趣偏好不同，消费特点不同，对产品或服务的需求也不尽相同。美国著名营销大师菲利普·科特勒将美国社会划分为七个阶层：①上上层：继承大财产，具有著名家庭背景的社会名流；②上下层：在职业或生意中具有超凡活力而获得较高收入或财富的人；③中上层：对其"事业前途"极为关注，且获得专门职业者，独立企业家和公司经理等职业的人；④中间层：中等收入的白领和蓝领工人；⑤劳动阶层：中等收入的蓝领工人和那些过着"劳动阶层生活"的人；⑥下上层：工资低，生活水平刚处于贫困线上，追求财富但无技能的人；⑦下下层：贫困潦倒，常常失业，长期靠公众或慈善机构救济的人。处于不同社会阶层的人，对汽车、服装、家具、娱乐、阅读方面的需求都有较大的差异。

（3）个性。个性是指个人独特的心理特征，这种心理特征使个人与其环境保持相对一致和持久的反应。每个人都有影响其购买行为的独特个性。在区分出不同的个性，并且特定的个性同产品或品牌的选择之间存在很强相关性的前提下，那么个性就可以成为细分市场的心理变数。例如，有些钟表、眼镜公司把市场细分为传统型消费者群、新潮型消费者群、节俭型消费者群、活泼型消费者群，等等。

消费者在选择品牌时，会在理性上考虑产品的实用功能，同时在感性上评估品牌表现出的个性。因而很多企业会赋予品牌以个性，以迎合消费者的个性。例如，20世纪50年代末，福特汽车和雪佛兰汽车在促销方面就强调其个性的差异。有不少人认为购买福特汽车的顾客有独立性，易冲动，有男子汉气概，敏于变革并有自信心；购买雪佛兰汽车的顾客往往保守，节俭，缺乏阳刚之气，恪守中庸之道。

（4）偏好。偏好是指消费者偏向于某一方面的喜好，如有的爱抽烟，有的爱喝酒，有的爱吃辣，有的爱吃甜。又例如，一位住在新泽西的Suite小姐，就强烈地偏好一家位于曼哈顿的发廊。为了染发，她每六星期就要来回开上2小时的车进城，每一趟她至少要花上90美元的美发费用及22美元的停车费。而就在她住家附近的地方就有更方便更便宜的发廊。她就是对让头发获得"正确的"染色服务有强烈的偏好，并执着地认为那家曼哈顿的发廊比其他能提供同样服务的从业者优良。在市场上，消费者对不同品牌的喜爱程度是不同的，有的消费者有特殊偏好，有的消费者有中等程度的偏好，有的消费者没有什么偏好。因此，企业为了维持和扩大经营，就要了解消费者的各种偏好，掌握其需求特征，以便从产品、服务等方面满足他们的需要。

（四）行为变数

行为细分是根据消费者对品牌的了解、态度、使用情况及其反应而将他们分为不同的群体。许多营销人员认为，行为变数是市场细分的最佳起点。

（1）时机。按消费者购买和使用产品的时机细分市场，这些时机包括结婚、离婚、购房、搬家、拆迁、入学、升学、退休、出差、旅游、节假日等。时机细分有助于提高品牌使用率，提高营销的针对性。如旅行社可以为“五一”黄金周提供专门的旅游服务，文具企业可以为新学期开始提供学习用品。有不少产品如新郎西服、喜临门酒就是时机细分的产物。

（2）利益。利益细分是根据消费者从品牌产品中追求不同利益的一种分类方法。美国曾有人运用利益细分法对钟表市场进行研究，发现手表购买者可分为三类：大约23%的侧重价格低廉，46%的侧重耐用性及一般质量，31%的侧重品牌声望。当时美国各大钟表公司都把注意力集中于第三类细分市场，制造豪华昂贵的手表并通过珠宝店销售。唯有TIME公司慧眼独具，选定第一、二类细分市场作为目标市场，全力推出一种价廉物美的“天美时”牌手表并通过一般钟表店或大型综合商店出售。该公司后来发展成为世界第一流的钟表公司。

运用利益细分法时，还必须确定人们在产品种类中寻求的主要利益，有谁在寻求这些利益，这些利益对他们的重要程度如何，哪些品牌可以提供这些利益，哪些利益还没有得到满足，进而进行有针对性的品牌营销策划。美国学者Haley曾运用利益细分法对牙膏市场进行细分而获得成功就是一例。他把牙膏需求者寻求的利益分为经济实惠、防治牙病、洁齿美容、口味清爽四类。牙膏公司可以根据自己所服务的目标市场的特点，了解竞争者是什么品牌，市场上现有品牌缺少什么利益，从而改进自己现有的产品，或另外再推出新产品，以适应牙膏市场上未满足的利益需要。

（3）使用者状况。许多品牌可以按使用状况将消费者分为曾经使用者、未曾使用者、潜在使用者、初次使用者、偶尔使用者和经常使用者等类型，针对不同使用群体应采用不同的营销策略和方法。市场占有率高的品牌特别重视将潜在使用者转变为实际使用者，如领导型品牌。一些小企业则只能以经常使用者为服务对象。

（4）品牌忠诚度。消费者的忠诚是企业最宝贵的财富。美国商业研究报告指出：多次光顾的顾客比初次登门者，可为企业多带来20%~85%的利润；固定客户数目每增长5%，企业的利润则增加25%。根据消费者的品牌忠诚度，可以将消费者分为四种类型：专一忠诚者、潜在忠诚者、迟钝忠诚者和缺乏忠诚者。

专一忠诚者：这四个类型中最高的一层，是构成顾客群体的最重要的部分。例如，瑞士万用刀的爱好者，他们会不断地告诉他们的朋友和邻居这种刀的好处、用途以及他们每天、每个星期、每个月的使用频率。这些专一的忠诚者会成为品牌的免费宣传者，并不断地向别人推荐。对任何企业而言，这都是他们最欢迎的顾客类型。

潜在忠诚者：顾客高度偏好与低度重复购买的结合，意味着潜在忠诚。例如，美国有一个标准的中国食物迷，而且她的住家附近就有一家她很喜欢的中国餐馆。但她的先生却对中国食物不感兴趣，所以她只是偶尔光顾这家中国餐馆。如果该餐馆了解潜在忠诚者的这些情况，就可以采取一些应对的策略。比如，该餐馆可以考虑增加一些美式餐点，以吸引像她先生这样顽固的顾客。

迟钝忠诚者：顾客低度偏好与高度重复购买的结合，便形成了迟钝忠诚。这类顾客的购买原因不是偏好，而是“因为我们经常用它”或“因为它方便”。大多数经常购买产品的顾客都属于这种类型。比如，有人总在一条街上购买日常用品，在另一条街上的干洗店干洗衣物，至于修鞋子，则是就近到自己住家的隔壁。如果能积极争取这类客户，提高产品或服务质量，形成自己的特色，这类顾客就可能会由迟钝忠诚者转变为高度忠诚者。

缺乏忠诚者：由于不同的原因，某些顾客就是不会对某些品牌产生忠诚。一般来说，企业应避免将目标针对缺乏忠诚的顾客，因为他们永远不会成为真诚的顾客，他们对企业的发展只有很少的贡献。

（5）使用率。可以根据品牌的轻度、中度和重度等使用者情况来细分市场。品牌重度使用者一般在市场上所占比例不大，但他们的消费量在全部消费量中所占的比例却相当高。营销广告界的巴莱多定律认为，20%的品牌重度使用者的消费量却占该品牌消费量的80%。以啤酒为例，有人曾做过调查，啤酒消费者中，大量消费者与小量消费者各占一半，其中大量消费者的消费量占总销量的88%，而小量消费者的消费量只占12%。又据调查，啤酒的大量消费者多为劳动阶层，年龄在25~50岁。而年龄在25岁以下和50岁以上的为小量消费者。这种细分有助于企业做出相应的对策。

（6）态度。消费者对品牌的态度大体可以分为五种，即热爱、肯定、冷淡、拒绝和敌意。态度是人们生活方式的一种体现，态度决定着成败，也决定着品牌定位。企业可以通过调查、分析，针对不同态度的顾客采取不同的营销对策。例如，对抱有拒绝和敌意态度者，就不必浪费时间去改变他们的态度；对冷淡者则应设法去争取他们。

四、市场细分的程序

（一）选定市场范围

选定产品的市场需求范围，确定经营范围。确定产品市场范围包括潜在的顾客群体。产品的市场范围应以市场的需求而不是产品特性来定，并且产品市场范围应尽可能地全面。

（二）确定市场细分变量

（1）列举潜在顾客的基本需求。公司的市场营销专家们通过“头脑风暴法”，从地理、人口、行为和心理等几个方面的变量出发，大致估算一下潜在的顾客有哪些基本的需求（还包括刚开始出现或将要出现的消费需求，这里把行为也作为需求来分析）。

（2）分析潜在顾客的各自需求。①对所列举的需求进行总结分类；②按照不同变量对顾客进行分类；③设计调查问卷；④进行市场调查；⑤对问卷进行统计分析。

（3）总结潜在顾客的共同要求。通过对顾客需求分析，找到潜在顾客的共同需求。

（三）形成细分市场

（1）根据差异性需求细分市场。公司找到差异性需求之后，把差异性需求相对应的顾客细分变量和利益细分变量作为市场细分变量，确定了所有的细分变量以后，选择合适的细分方法，然后将市场划分为不同的群体或子市场，并结合各细分市场的顾客特点赋予每一子市场一定的名称，在分析中形成一个简明的、容易识别和表述的概念。运用调查数据或者经验判断，重新按对顾客购买行为影响程度大小对变量进行降序排列，从而找出最合适的变量。

（2）深入认识细分市场的特点。放弃较小或无利可图的细分市场；排除重复细分市场（首先弄清非重复细分市场的属性：所提供的产品或服务用途不相同；产品和服务在每一个细分市场中的比重及一切相对价值应各不相同；所提供的产品或服务不会取得相同的利益。）；合并较小且与其他需求相似的细分市场；拆分内部需求差异较大的细分市场。（应注意：在能取得经济效益的细分中，拥有顾客数量的最低界限是什么？企业能够控制的细分市场数量是多少？其限度主要由企业自身的综合实力强弱来决定。）

（四）初评细分市场规模

分析预测法。步骤 1，确定产品的潜在购买者和使用者（有需求、有使用产品的必要资源和有支付能力的顾客，或运用反向提问：谁是不合格的潜在顾客？可来自调查数据、商业数据）；步骤 2，确定第一步界定的每个潜在购买群体中有多少人；步骤 3，估计购买率或使用率（据调查或其他研究所获得的平均购买率来确定，或据假设前提潜在使用频率等于重度使用者的使用频率来确定。市场潜力就等于步骤 2 和 3 的乘积，即潜在顾客数乘以潜在使用频率。企业需要预测各个不同城市、地区的市场潜量）。

市场因素组合法。要求辨别在每一个市场上的所有潜在购买者，并且对他们潜在的购买量进行估计。

多因素指数法。$Bi=0.5yi+0.3ri+0.2pi$（其中：Bi 表示地区 i 的购买力占全国总购买力的百分比；yi 表示地区 i 的个人可支配收入占全国的百分比；ri 表示地区 i 的零售销货额占全国的百分比；pi 表示地区 i 的居住人口占全国的百分比。）权数要加到每一个变量之上，还需要指定一些其他权数，制造商还应该为一些额外因素而调整市场规模。

五、预测细分市场未来需求

首先是环境预测，主要包括通货膨胀、失业、利率、消费者开支和储蓄企业投资、政府支出、输出以及与本公司有关的其他重要环境因素和事件进行预测。然后依照预测结果进行行业预测。对照行业预测的销售额，再进行公司销售预测。

人们说什么的信息主要来源于对购买者或接近购买者的人如推销员、外部专家等的意见调查，主要方法是购买意图调查法、销售员意见综合法和专家意见法；人们做什么的信息主要来源于购买者对投入市场试销的产品反映，通过分析过去购买行为的记录或采用时间序列分析或统计需求分析来得到。

任务三　会展节事活动营销战略

本部分主要介绍节事营销组合。节事营销组合要素简称 5Ps，即产品（Product）、价格（Price）、地点（Place）、公共关系（Public Relations）和定位（position），如图 4-1 所示。

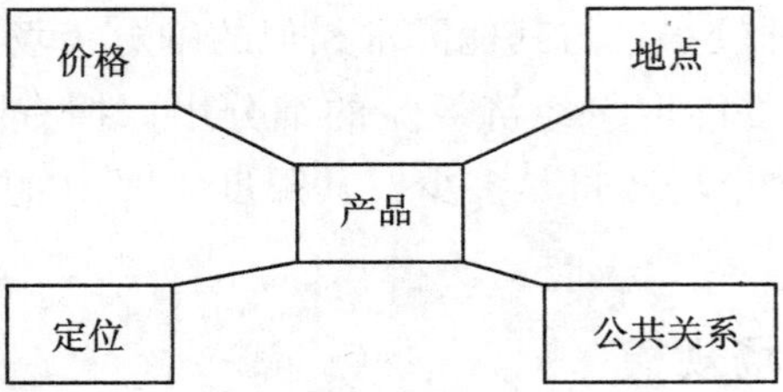

图 4-1　节事营销的 5P 营销组合

（一）产品

节事营销首先关注的是产品的价值是什么。促销一项节事活动要求广告词能够着重指出参加者能以何种方式从中受益。生产效率不断提高、收益率最大化或者参加一次重要会议就可以获得收益的承诺都能说服参加者购买产品或参加会议。根据目标对象的需求策划节事产品，并有效地传播节事是如何满足公众需要的，这是营销是否奏效的关键。因此，在产品策划前对市场以及客户或组织的目标进行调查至关重要。

（二）价格

节事营销的首要责任在于理解赞助商的财务目标。一旦财务目标确定下来，那么营销者就应分析竞争对手的定价模式：谁提供类似产品？消费群体是谁？价格如何？同样需要考虑的重要因素还有需求层次、某一特定城市/区域或全球范围内相对经济景气指数等。在节事营销时，关于定价需要着重考虑如下问题。

1. **弄清公司的财务原则**

有些活动的目的很简单，就是为了营利。而有些则在战略思想上不涉及资金，总是还有一些节事被称为“亏本买卖”，这些节事旨在以金钱的支出获取其他方面的更大收益，如会员人数的增加或者与社区友好关系的建立。节事营销者必须明确财务目标并为此制定相应的发展战略。

2. **分析细分市场的支付能力**

分析细分市场的支付能力，这看似简单，却对营销活动至关重要。例如，面向执行官的节事活动可以比目标对象自己掏腰包的节事定价高，因为执行官们可以使用公司的信用卡，并能够将会费作为营业开支报销。分析参加者支付不同价位的能力和意愿，将影响节事本身的策划。

（三）地点

节事举办的地点不仅能决定参加人数，而且还能表现节事的特点和个性。例如，在高档度假饭店举办的节事，对场地的布展应该是营销战略的关键。举办地的场景甚至可以作为宣传手册或广告中的主要画面。如果在一家新开的公共场所举办颁奖晚会，那么就应该把在新场所中获得新体验的机会作为活动的兴奋点而加以强调。另外，在机场饭店举办的教育研讨会就没必要强调地点如何吸引人，而应首先强调地点的便利性和实用性。

（四）公共关系

公共关系是营销组合的主要组成部分。可以宣传想要宣传的所有内容，也就是说，关于主办方和节事的任何内容都可以宣传。公共关系将决定他人对组织和组织使命的认知。也可以采取各种大胆的公关方式，如由一组宣传人员向媒体公布节事信息或举办记者招待会来介绍节事活动的各项好处，或者采取较为含蓄的方式，利用商贸刊物对组织领导人的采访来介绍节事活动及其利益所在。据美国公共关系协会估算，一篇社论的价值要比同样版面的广告成本高 3 倍。

（五）定位

节事营销有赖于正确的产品定位。只有在制订出营销计划的前提下，一项节事才可能被成功地推销出去。营销计划似乎能预示活动的成败，而成功营销计划的关键就是“定位”。定位是通过直觉、调查和评估来决定你的节事能满足消费者哪些需求的战略。竞争对手举办何种类型的活动？他们对参加者的投资规模有何要求？哪些人参加，哪些人没有参加？也就是说，哪些是我们需要占领的市场？什么使我们与众不同？我们如何才能利用这些特质来推销我们的节事？哪些市场会乐于接纳我们的节事计划？能够回答这些问题的营销者将最有希望实现他们的愿望。

任务四　会展节事活动营销的实施和评估

展会营销通过展会的形式向顾客及同行业展示自己的最新产品及成果，一方面可以增加公司的业绩，另一方面可提高公司的品牌影响力，一般会首先想到以下措施：

加大广告宣传力度，使更多的参展商对展览会产生兴趣，以扩大潜在市场的规模；通过严格控制成本和开展规模经营，降低展览会的报价，以增加有效市场购买者的数量；对展览会进行适当调整，以降低对潜在购买者的资格要求；制订更有竞争力的营销组合方案，力图在目标会展市场中占更大的份额。

一、会展节事活动营销实施的流程

会展节事活动营销的一般流程如表 4-2 所示。

表 4-2　会展节事活动营销的一般流程

项目	内容
销售目标与分析	近期展览目标（数量）、远期展览目标（数量） 潜在风险（强度）、影响因素（多少）
营销目标	留住现有的观展商（参展商） 增加场地租金 增加新的参展商（观展商） 提高市场份额 持续控制竞争者
目标市场与分析	目标顾客概况、市场规模（大小） 决策程序（具体步骤）、影响者与中介（数量） 地理因素（数量）
产品策略	核心供应（内容） 产品线扩展（如提供会展数量及相关服务） 增值服务（产品提升）
价格策略	高价格体现会展优质形象、低价格提高使用数量 低价格提高市场份额
定位策略	根据竞争对手的多少确定差异化程度 特色定位、体现会展价值定位

二、节事营销的常见形式

我国各地举办的节事活动很多，但真正做出特色和具有较高水平的并不多。节事属于典型的"眼球经济"产业。一个节事项目要获得成功，除了在活动项目策划和安排上独具匠心外，在节事营销方面也经常强调要有开创性。

节事活动的最大特点就是具有很强的轰动性。如果没有有效的营销手段，节事内容设计得再好，也会落入无人捧场的境地，活动也就难以取得成功。节事营销常见的形式有新闻推介、广告推介、人员推介、事件推介、宣传品推介、海报推介、城市巡回宣传推介等。

（一）新闻推介

记者被尊为"无冕之王"。节事组织者必须高度重视与各类新闻媒体合作，充分整合媒体资源。合作不仅仅是宣传，还包括联合举办各类活动，扩大影响，促进招商。

博鳌论坛秘书长龙永图说："一次会议是不是成功，关键不是看来了多少人，而是要看媒体对这次会议的报道有多充分。"此话一语道出了新闻报道在举办节事活动中的重要性。

根据节事的性质，组织者可以有选择地与举办地媒体、重要电视台、知名财经媒体、网络媒体、海外媒体等进行紧密合作。

1. 新闻发布会

新闻发布会是以记者为主要受众的信息发布活动。大型节事活动事先召开新闻发布会为自己做宣传是一种很常见的形式。有的节事活动还通过在举办城市多次召开，或在不同城市轮流召开新闻发布会来加大推介攻势，以期引起更多目标观众的注意。

借用新闻导语"5W"理论，召开新闻发布会前首先要确定"who"（由谁来发布节事信息，哪些重要人物出席，邀请哪些媒体记者等）、"where"（在哪个城市开，在哪个会议场所开）、"when"（什么日期、什么时间开）、"what"（会上的新闻焦点是什么，要准备哪些新闻素材，通过新闻发布会希望得到什么结果）、"why"（为什么要这样开，为什么要在此时此地开）等问题。

以上几项因素中，"who"和"what"是关键性的。是否能请到关键人物出场，是否对节事推介内容进行了最充分的准备，决定着新闻发布会能否取得成功。

2. 为媒体准备节事新闻素材

节事主办方在召开新闻发布会前，应当准备好一系列节事信息，并撰写部分新闻稿以供媒体选用。其中特别是节事内容和亮点，新闻通稿的写作应花大力气来精心准备。

节事主办方还要考虑到不同新闻媒体发稿的着眼点不同，要尽可能地针对媒体特点撰写一些着眼点不同的新闻稿件，并准备好配套的相关图片。

节事主办方准备好的新闻稿媒体是否都能照发当然不能确定，但是，在开新闻发布会前主办方准备好新闻稿是必需的。这是因为：

①信息准确。相比记者而言，主办方对节事活动的理念和程序把握更准确，更清楚细节。由节事主办方写作的新闻稿有利于统一宣传口径，维护节事项目形象。即使记者

重新写稿报道，也可最大限度上避免由于媒体误导，而使读者产生理解上的偏差；②命中率高。现在的记者采访任务繁重，尤其是电视和报纸记者，一天跑5~6个点是常事，而发稿时间是固定的，迟了就赶不上。对于时效性很强的节事新闻而言，多争取一家发稿就多了一大批受众。准备好新闻稿，可减轻记者写稿负担，提高发稿率；③方便利用。文字材料比口头语言表达更精确、更便于备案和整合加工。另外，将一系列的节事宣传资料一并放入新闻资料袋，也便于记者写稿时参考。最后要注意的是，一般情况下，节事主办方并不能要求所有媒体都刊登同一篇文章，但是要尽可能要求参会媒体记者在发稿前将拟发稿件内容发回主办方过目。以确保不对外发布错误或不妥信息，从而给节事项目和举办城市带来伤害。

3. 节事进程跟踪报道

节事活动举办前，节事主办方往往通过新闻发布会、记者见面会等形式，或将精心组织的活动宣传新闻稿投至专业报纸杂志，对节事进行宣传，目的是希望引起更多目标客户的关注。在节事举办期间，媒体集中予以报道节事动态，继续扩大节事影响，其主要目的是吸引人们参与。另外，主办方以内部报刊的形式在现场发布有关节事的最新消息，也属于节事报道。这种内部报道成本低廉，但对增进参会各方了解节事活动、发布节事进展情况都有很好的促进作用，而且有关信息还可予以保存，应该好好地加以利用。

节事成功举办后，媒体进一步报道节事成果，扩大节事活动影响，以利于下届节事的举办。

（二）广告推介

广告推介是节事推介的重要手段。广告推介成功的关键在于创意。

依传播媒介的不同，广告可以分为电视广告、广播广告、报纸广告、杂志广告、网络广告、招贴广告、POP广告、交通广告、直邮广告等。随着新媒介的不断增加，依媒介划分的广告种类也会不断增多。

每一类媒体都有一定的优点和局限性，认识不同媒体的特性，是合理选择广告媒体的前提。

报纸。从职业和教育程度来看，阅读报纸的阶层是媒体中最广的。而且报纸配送地域明确，以定期订阅者为主要对象，报纸是最有计划性的稳定的媒体。报纸广告的优点主要体现在弹性大、灵活、及时、对当地市场的覆盖率高、易被接受和被信任。而其缺点则主要在于传递率低、保存性差、传真度差、广告版面太小易被忽视。

杂志。作为广告媒体，杂志的长处在于它是被读者特意选购的。杂志内容和读者之间的关系，比起其他媒体处在更自然的关系上。从广告的持续性来看，杂志有完好的保存性，有被读者相当长时间阅读的机会，而且有超过杂志发行册数几倍的传阅率。杂志广告的优点在于针对性强，选择性好，可信度高，并有一定的权威性，反复阅读率高，传读率高，保存期长。其缺点是广告购买前置时间长，有些发行量是无效的。

广播。广播的特性首推时效性。因此当年广播的出现使报纸受到了很大的冲击。此后，广播一直以时效性为第一武器。广播是适合个人喜好的媒体。由于电视的出现，广播把娱乐的首席地位让给了电视。但是，作为个性化的媒体，仍然占有重要的地位。对于个性化的媒体，当然有采取个性化的诉求方法的必要，给予听众以其他媒体不能得到的亲近感是尤为重要的。所以，广播广告应该强调对特殊阶层的诉求。广播可以向全国，也可以向特定的地域做广告。发布全国性的广告，可以利用全国性的广播网。地方性广告则可利用地方性的广播电台。广播广告的优点在于信息传播迅速、及时，传播范围广泛，选择性较强，成本低。其缺点是只有声音传播，信息展露转瞬即逝，表现手法不如电视吸引人。

电视。电视是所有媒体中最家庭化的娱乐媒体，也是现代广告的主角。电视广告通过画面和声音吸引观众，使观众很直观地感受广告产品，引起消费兴趣。电视媒体的主要优点是诉诸人的听觉和视觉，富有感染力，能引起高度注意，触及面广，送达率高。而主要缺点在于成本高，干扰多，信息转瞬即逝，选择性、针对性较差。

网络广告。网络广告是广告业中新兴的一种广告媒体形式。展会产品可通过两种主要方式做广告：一是通过展会专业网站；二是向相关网站购买一个广告空间。随着时代的发展，网络广告的优势越来越明显，因为网络广告可以根据细微的个人差别将顾客进行分类，分别传递不同的广告信息。更重要的是，网络广告是互动的。网络广告可以利用最先进的虚拟现实界面设计来使受众有身临其境的感觉。比如，在虚拟展会上可以一家一家地去寻找参展商。而且，网络广告的受众大多受过良好教育，平均收入较高。网络广告的局限性在于目前广告的涉及范围还不够广泛。价格也还不够便宜。

其他媒体。除了报纸、杂志、广播、电视、网络五大媒体之外，还有一些其他的广告媒体，如户外广告、直接邮寄广告、POP 广告、赠品广告、宣传品广告等。

户外媒介是最古老的广告媒介，如店铺招牌和旗帜，便是户外媒介的一种。目前，主要的户外媒介有路牌、霓虹灯、交通工具、大屏幕电子显示屏、户外灯箱等。户外广告的优点是反复诉求效果好，对地区和消费者选择性强，传真度高，费用较低，具有一定的强迫诉求性质。缺点是传播区域小，创造力受到限制。且广告信息的容量有限，只适宜做形象广告。

直接邮寄广告是节事推介常用的形式之一。其优点是针对性、选择性强，注意率、传读率、反复阅读率高，灵活性强，人情味较重。其缺点在于成本较高、传播面积小、容易造成滥寄的现象。直邮广告在欧美被普遍采用，因其可以比任何广告形式更精确地定位客户群。直邮广告可以提供有效的反馈信息，为您的进度计划以及价格定位提供合理的参考，以此增强市场的适应性和竞争力。直邮广告的特殊性在于灵活性强。你想说的、想做的都能立即被呈现，以此在激烈的市场竞争中提高企业的知名度，提升客户的忠诚度。直邮广告很方便做成问卷形式，在信件上询问客户不同的问题，当客户寄回信件的回执时，便轻松地得到了客户所需要的商品和服务的所有信息。当然问卷可以以促销的方法寄出，诸如优惠券、有奖竞猜等，吸引客户回执。这些客户回执能帮助企业在下一次的节事推广中准确地锁定目标群。直邮广告还可以帮助提高客户的忠诚度。通过参会记录，您可以了解到哪些客户的消费能力较强。掌握了这些客户的基本资料之后，可以通过直邮广告的形式把节事的新活动快速准确地传递到这些客户手中，不断增进商务往来。根据经验，建立一个新客户要比维护一个老客户多付五倍的精力和支出。

销售点广告（简称 POP 广告）是一种设置于销售现场的广告形式，如张贴、悬挂、放置在节事现场的海报、旗帜、橱窗、灯箱、模型、挂板及各种制作品。POP 广告利于营造现场气氛，使消费者很轻松就可以了解到最主要的节事信息。同时制作精良、别致的 POP 广告很容易引起注意，并引起观众对节事活动的好感。

赠品广告是向参观者、经销商赠送的一些印有节事产品信息的礼品。赠品大多是有实用价值或欣赏价值的物品，可以较长时间地保留和使用，因而其生命周期也长。吸引力强的广告赠品能聚人气，有很强的促销作用。

节事主办方很少以单一形式来进行展会广告推介，通常都是“打组合拳”——通过合适的组合方式来进行。节事的广告推介并无定式，一切要依据节事本身的特点和目标来决定取舍。

（三）人员推介

人员推介直接有效，并极具人情味。人员推介大多为“一对一”的服务，即由节事工作人员通过电话、传真、信函（电子邮件或经邮局和快件公司寄送）、上门拜访等方式将有关信息送到目标客户手中。特别值得一提的是，一种新型的人员推介，与上门拜访有异曲同工之妙的特殊方式——利用在同类节事现场宣传自己的节事，已被越来越多的节事组织者所采用。因为在此种特定场合遇到的有价值的目标客户比例很大，故而可以大大节省辨别筛选目标客户的时间精力和费用，取得事半功倍之效。换言之，选派人员在同类节事现场推荐自己的展会，恰如“借东风”，能最大限度地借用别人的客户资源。

（四）事件推介——“造势”活动

事件推介往往能收到令人喜出望外的效果。进行事件推介，关键是要有一个好的策划，安排合适的活动内容，吸引大众注意。如历届奥运会的火炬传递就是一个很成熟的“造势”活动。火炬传递到哪里，就把奥运精神传播到哪里，非常吸引眼球。

（五）宣传品推介

印刷品和光盘是一种能承载大量节事信息的特定宣传媒介。节事宣传品印刷精美，图文并茂，汇集了有关节事的基本信息。通过向目标受众广泛派发，能起到很好的广告宣传作用。

（六）海报推介

海报具有很强的视觉冲击力，是节事项目示人的“面孔”。一个专业性的节事活动，都精心设计富有特色的宣传海报。连续举办多届的节事更是十分重视历届节事海报艺术风格一致性。因此，好的节事海报作品不仅有助于人们了解展会，还是具有很高欣赏价值的艺术品。

（七）城市巡回宣传推介

即派人员到各地去做宣传推介。一些国际性节事活动，主办方会特意组团去一些重要国家进行推广。

三、会展节事营销的评估

当前每个行业的竞争趋势都越来越激烈，因此营销活动也呈现出前所未有的艰巨和复杂。新的通信手段层出不穷，客户的要求也越来越细致，这些都要求营销工作更加完善，更具多样性。同时，有关会展节事营销活动和营销效果的分析数据比以往任何时候都更多更复杂，要想进行高水平的营销分析也更为困难。营销工作者必须针对企业所关心的问题重新调整自己，通过对营销策划所产生的效果进行测算和系统分析，有效地设计、组织和实施营销策划评估，才能够充分发挥会展节事营销工作的作用。

做一场节事营销活动的评估，需涉及活动的方方面面，评估是要有目的性的，通过对整个活动开展的评估，找出活动开展过程中的不足。为今后类似活动的更好开展，积累经验，以求完善。有关评估的内容，评估些什么，为哪些方面做评估，以下四个关键项目，缺一不可。①活动的准备工作评估；②活动执行过程评估；③活动费用评估；④活动效果评估。

1. 会展节事营销活动概述

先写明会展节事营销活动的目的，是为了提升品牌知名度，还是为了打击竞争对手，又或是为了提高销售额等。再有就是会展节事营销活动由哪里申请，于何时在哪个地点举办，举办了一场以什么为主题的会展节事营销活动。这些简明扼要的会展节事营销活动说明都是必不可少的，说明了会展节事营销活动情况过后，就要对会展节事营销活动准备工作做评估了。

2. 活动准备工作评估

在做评估前，首先要说明准备工作是什么。准备工作包括：会展节事营销活动参与人员、会展节事营销活动负责人、会展节事营销活动执行人、会展节事营销活动监控（由谁监管）；会展节事营销活动准备事项，地点准备在哪儿，需要准备的器材设备、会展节事营销活动记录表等物品，会展节事营销活动接待人员培训问题，会展节事营销活动广告设计等，这一切都需要事先与会展节事营销活动品牌以及有关部门提前做好联系，以准备妥当；广告宣传，信息发布，说明宣传方式、信息发布人群。

说明了准备工作后，开始对准备工作进行评估。评估整个会展节事营销活动的前期准备安排工作。例如，整个会展节事营销活动的前期准备工作均依据方案于会展节事营销活动开展前准时安排到位，说明物资、广告宣传到位情况等；各岗位人员到位等。对整个前期安排进行评估与估测。

3. 会展节事营销活动执行过程评估

有关会展节事营销活动过程的评估是最重要的，首先要说明会展节事营销活动的执行过程是什么，然后再进行评估。

会展节事营销活动执行情况包括：①人员安排。在会展节事营销活动点安排的导购服务人员情况；②物品配送。会展节事营销活动商品原计划如何安排，特殊情况需另行说明，在实际执行中又是如何安排的等；③会展节事营销活动流程。会展节事营销活动中的工作要依据流程执行，如几人负责接待，几人负责硬件设置的准备，几人负责记录登记会展节事营销活动情况等；④会展节事营销活动数据核准。详细到会展节事营销活动结束后由谁负责核对、审核，包括通知情况、销售等。

会展节事营销活动执行情况评估是评估会展节事营销活动中出现的任何情况，包括很多细节方面。是否给会展节事营销活动产生了影响，产生了什么样的影响，顾客的意见如何，有没有造成负面影响。评估参加会展节事营销活动的服务人员的服务情况，服务的好坏是否给顾客带来了不良的影响或者是特别的优质服务情况有没有给顾客留下深刻的印象。评估正负面影响为后续效果带来的可能性。总结出整个会展节事营销活动执行过程。

4. 会展节事营销活动费用评估

先制定会展节事营销活动的各项费用预算，如硬件设施的准备，会展节事营销活动主持的邀请，广告宣传费用，为方便顾客提前准备的食物、水饮、各种耗材等，以及最后费用预算的合计。

费用预算后再结合实际费用支出进行评估。评估费用的节支问题，本着节约的原则，评估出有哪些方面节约了会展节事营销活动费用。必要时可以附上节支表，包括费用项目、预算费用、实际费用、节约费用等。关于会展节事营销活动效果的评估，会直接关系到以后的会展节事营销活动是否能更好地开展，所以最后的会展节事营销活动效果也是每一个人最关心的问题。

5. 会展节事营销活动效果评估

会展节事营销活动效果评估从以下几个方面进行。

影响人数：包括广告影响人数、通知人数、参加人数、实到人数。

影响面：如果有比较有规模的大型会展节事营销活动，那么它对同城同类商城所带来的影响如何；如果是小型会展节事营销活动，那么它对顾客群体的影响如何，对商场内其他品牌影响又如何。是否达到了会展节事营销活动预期的要求范围。

品牌提升：通过会展节事营销活动的开展，对于已经拥有一定市场基础的品牌是否在顾客认知度上又进一步地得到提升。

促进销售：会展节事营销活动的开展，是否扩大了影响面，提高了知名度，这些无疑决定了对销售能否起到至关重要的促进作用，同时也增强了顾客对商城的信心与认可度。

另外，还需要评估会展节事营销活动的不足，如会展节事营销活动方案是否完善，哪里做得好，哪里做得不好。宣传力度是否达到，对于会展节事营销活动的信息传达有无不妥，哪里欠缺，比如有没有顾客不知道有这个会展节事营销活动等。执行力强弱，如果第一次会展节事营销活动中人员就欠缺经验，对顾客服务方面效率低，会使会展节事营销活动的效果大打折扣。

最后，针对会展节事营销活动的不足之处，为了下一次会展节事营销活动更加完善，提出一些改进的建议。有关需要改进的方面可能是会展节事营销活动的方案不够周全、详尽，建议必须在会展节事营销活动正式开展前半个月完成方案草稿，以便领导有充足的时间调整修改，同时完善会展节事营销活动的各项设施及物资。也可能是会展节事营销活动宣传做得不够充分，执行力有待加强等。

任务解决

通过对会展节事营销管理工作的全面认知，了解会展节事市场营销的概述，熟练分析会展节事活动消费行为分析和目标市场，根据会展节事活动营销战略进行会展节事活动营销的实施和评估。

实训任务

2016 年成都马术节营销工作

任务分析

为 2016 年成都马术节开展营销工作

操作步骤

1. 2016 年成都马术节营销目标与分析：目标市场与分析、销售目标
2. 2016 年成都马术节 4PS 策略分析：产品策略、价格策略、定位策略、促销策略
3. 制订 2016 年成都马术节销售方案
4. 编制 2016 年成都马术节广告招商方案

项目内容小结

会展节事市场营销工作是一项非常复杂的工作，关系到节事活动是否能够顺利开展，是否能够实现一定的经济效益，所以必须充分了解会展节事市场营销的概述，熟练分析会展节事活动消费行为分析和目标市场，根据会展节事活动营销战略进行会展节事活动营销的实施和评估。

自我评估

1. 制订2016年成都马术节销售方案
2. 编制2016年成都马术节广告招商方案

会展节事活动的财务成本管理

项目五

导读职业能力目标

掌握会展节事活动的财务成本类型、节事活动成本估计的内容和方法、节事活动预算的程序和内容；能对具体会展节事活动进行财务分析。

任务导入

A公司主营业务为节事活动策划、组织和承接等，近几年业绩欠佳，亏损严重，公司为此召开专项会议进行讨论。怎么做可以实现扭亏为赢的财务目标呢？

任务一 会展项目财务管理目标

会展节事活动财务管理的目标是指项目理财活动应当努力达到的境界和水平。财务管理目标是指导会展项目理财活动的方向，是评价会展项目经济效益的基本标准，是项目理财活动的出发点和归宿。财务管理目标制约着资金运动的基本特征和发展方向，因此必须明确财务管理的目标，以完善财务管理，实现资金运转的良性循环。

一、以利润最大化为目标

利润是会展节事活动经营净成果的货币表现。按现代管理学的观点，利润最大化财务目标是指在满足投资者必要报酬率的前提下，争取尽可能多的税后利润。这个目标包含了对盈利的相对水平和绝对水平两个方面的要求。

二、以外部效益最大化为目标

会展节事活动的外部效益，是指通过会展节事活动的实施对企业未来经营环境的改善程度，包括市场资料的获取、企业商誉的提升、未来产品销量的增加、潜在客户的增加等内容。外部效益最大化目标，就是通过开展会展节事活动最大限度地改善企业经营的外部环境，即获得最为翔实可靠的市场资料、最大限度地提升产品和企业自身的声誉、最大限度地增加未来客户等。

任务二　会展节事活动的财务成本估计

财务管理的对象是企业的资金运动。所谓资金，是社会再生产过程中财产物资价值的货币表现。这些财产物资价值，既包括有形资产的价值，也包括无形资产的价值，如专利权、非专利技术、土地使用权和商誉等。资金形态在货币资金与非货币资金之间周而复始地循环就是资金运动，主要包括资金的筹集、投入、耗费、回收和分配等环节。

节事活动的投资者对项目本身的社会效益高度关注，除此之外，费用和利润是他们最关心的问题。如果缺少严格的项目成本管理，节事活动的开支会远远超出预算，最终造成项目无法按照计划实施，甚至亏本，盈利则难以实现。所以，进行活动项目的财务成本管理十分重要。

项目经理和团队必须确定本活动需要什么样的资源，并统一支配所有资源，确保在批准的预算内完成项目，尽可能地减少和控制费用。成本即费用，成本管理包括成本估计、成本预算和成本控制三个基本过程。

一、节事活动成本的类型

节事活动的成本估计是节事活动成本管理的一项核心内容，是根据某一节事活动的资源需求计划以及各种资源的价格信息，估计和确定各项活动成本的行为。

节事活动成本是指节事活动从立项到举办结束整个过程中所耗费的各种费用的总和。按不同的划分方法划分成本，所得到的结果不同。根据费用发生的阶段及用途，节事活动成本一般可分为以下四个部分：

（一）节事活动的获取成本

若某项节事活动不是组织者原创，而是承办或分包，为了获得举办权，如各国为了争取奥运会的举办权、为了争取世博会的举办权、为了争取国际网球公开赛的举办权等必须开展的设计、公关、广告、招投标等一系列工作，这些工作的花费就是某项节事活动的获取成本。

（二）节事活动的创意和决策成本

节事活动的创意和决策对节事活动的经济效益、社会效益等都有很大的影响，为了对某一节事活动进行科学的创意、定义和决策，在节事活动进行策划之前，必须进行充分的市场调查研究、技术经济分析、社会效益分析和其他方面的可行性研究等前期工作，这些工作所花的费用就构成了活动创意和决策的成本。

（三）节事活动的设计成本

通过了可行性研究的节事活动，还必须进行项目的进一步设计、策划、计划和活动创意的完善，这些工作所形成的费用就构成了节事活动的设计成本。

（四）节事活动的实施成本

在节事活动的举办或实施过程中，为实现某项节事活动“最终目标”而耗费的各种资源所构成的费用统称节事活动的实施成本。具体包括人工成本、材料成本、设施设备成本、其他费用和不可预见费用等。

二、节事活动成本估计的类型

节事活动成本构成复杂，进行成本估计的方法较多，按照节事活动成本估计的重要性和实施阶段不同，可分为以下三种类型。

（一）概念估计

概念估计是指在可行性研究后所做的估计，也叫初步估计，其估计依据就是节事活动项目组的可行性研究报告。估计的精确程度为80%，精确系数为1.60。

通过概念估计，连同对费用支出和未来收入的预测，提供给某项节事活动上级管理部门一个初步的经济情况，并为筹措资金提供依据。根据概念估计的情况，如果认为节事活动有经济价值或社会价值，就要转入计划阶段。

进行概念估计时，如果没有诸如节事活动程序的甘特图、活动场址平面图、辅助设备结构图之类的详细资料，通常用流程示意图等表示节事活动的组织、举办情况。因此，这时所进行的估计是比较粗略的，可运用经验估计法或趋势估计法进行估计。一些已经确定的资源规格如宴会的档次与价格等，也可做一些详细估计。

（二）控制估计

控制估计是在节事活动筹措阶段、伴随节事活动内容的详细度确定进行的。在这一阶段，节事活动的主题和内容已经初步确定，控制估计要求比较精确。通常，控制估计的精确系数为1.15，进行这一估计的准确率为90%。进行控制估计所适用的价格是市场价格。这样，可以使成本估计更接近现实情况。

制定控制成本的同时，要进行正式的风险分析，风险分析是节事活动组织者在考虑到可能影响节事活动的各种因素的情况下，正确地确定节事活动成本的可能范围。

通过控制估计可以比较精确地估计出某项节事活动的财务成本，既可以作为筹措资金的依据，也可以用于明确责任和实施成本控制。控制估计是由节事活动组织者全面负责决定的，但其中的某些部分可在节事活动组织者的协助下委托财务部门拟定，也可请专业咨询部门完成。

（三）最终估计

在节事活动正式举办或运行阶段，对节事活动中一些重大活动或者重要辅助工程项目做出详细估计，并把它作为节事活动成本报告和执行情况监控的基础，将详细估计与最新的估计和预测相结合，就可编制出最终估计。这时，估计的精确度系数为 1.08。

进行最终估计的方法是，各项主要费用按照实际价格详细估计，投资少且不易确定的部分采用类比法预测。最终估计并不是对整个节事活动的事前估计，而是组织者对节事活动剩余时间的最终估计。最终估计是节事活动的项目主管控制剩余时间内的财务成本的依据。

进行最终估计时，节事活动组织者再评估剩余时间内相关的一些不确定因素，采用风险分析来测定最终估计的精确度以及不确定因素。

三、节事活动成本估计的目的

节事活动成本估计的主要目的是根据不同阶段的情况为节事活动提供精确信息，并作为一种工具来控制节事活动的成本，使之不超过预算范围。所以，在节事活动不同阶段所做的不同类型的估计是与节事活动管理的任务相适应的，是为了满足管理工作而进行的。

在一些大型节事活动的成本管理中，都是分阶段做出不同精度的成本估计，然后再逐步细化和提高精度。节事活动成本估计的类型及精度见表 5-1。

表 5-1　节事活动成本估计的类型

估计类型	估计时间	估计目的	估计精度
概念估计	可行性研究阶段	提供决策依据	-2.5%~75%
控制估计	筹措阶段	资金拨入预算	-10%~25%
最终估计	举办运行阶段	提供实际成本	-5%~10%

四、节事活动成本估计的内容

节事活动的成本管理从节事活动项目建议书开始，在节事活动织者或承办商制定节事活动建议书期间就要估计节事活动成本。在某些情况下，建议书只对简易的活动说明总成本设限。在其他情况下，组织者可能需要详细分解各种成本。节事活动项目建议书的成本部分可以是由组织者估计的成本报表组成，主要包括以下内容：

（一）劳动力

就劳动力给出的估计成本包括预计在节事活动中工作的各类人员，如设计师、工作人员和管理人员等的成本支出。它包括每人的或者分类的工时数、工时率。

（二）场地、设备租金

场地、设备租金的估计成本是对某一节事活动的场址、相关设备，如同声翻译设备、数字会议网络、会议系统和主席发言机、多媒体演示设备等的租金的成本估计，场地和设备的租金有许多种确认方法，可以按时间给付，也可以按活动次数给付，甚至一次性给付，在进行成本估计时，既要考虑节约成本，又要考虑到意外事件。

（三）原材料

原材料成本也是节事活动成本的主体之一，一方面，包括举办节事活动所需建设工程的原料，如在场馆建设过程中需要的油漆、木料、墙纸、毛毯等；另一方面，也包括举办节事活动时所需的物品，如纸、艺术品、纪念品、食品等。

（四）分包商和顾问

当节事活动的组织者缺少某项专门技术或没有完成整个节事活动的资源时，他们可以雇用分包商或者顾问执行这项任务。比如，设计小册子、编制培训手册或者举办招待会等。

（五）广告宣传

节事活动要成功举办，广告宣传起了很大的作用，这部分成本的估计不能单单考虑费用的多少，而且要分析“质量”的好坏。

（六）能源动力

一项大型节事活动的举办，能源动力费用往往也要考虑在内。

除此之外，节事活动的组织者还应准备一定量的意外费用准备金，以便在节事活动期内发生意外事件时使用，这包括在节事活动估计完成之后所遗漏的费用、相关工程由于第一次没做好需返工的费用，或者在长期的节事活动期间人工工资或者材料上涨而增加的成本。

成本估计应是积极的和符合现实的，把所有想象得到要发生的或可能搞砸的事情都包括在意外开支准备金里的“虚报”是不现实的。一方面，要是成本估计过于保守，节事活动的全部估计成本可能超过立项时所确定的资金；另一方面，要是成本估计过分乐观且有些意外费用必须支付的话，企业举办的商业性质的节事活动就可能赔钱（对于限价合同来说），或者不得不尴尬地要求增加费用来弥补超出的资金。

五、节事活动成本估计的方法

在进行节事活动设计和决策的时候，有许多问题需要利用科学的方法或手段进行估计和预测，成本估计只是各种估计和预测手段中的一种。面对节事活动进行成本估计通常可以运用以下方法：

（一）因素估计法

因素估计法又称外推估计法。它是一种比较科学的方法，它立足于过去对成本产生影响的各种因素在现在和将来仍然起作用这一前提，把根据这种作用的延续趋势作为成本估计的依据。这种方法的具体做法是，以过去举办的同类节事活动作为基础，运用一定的数学方法进行加工、处理和推理，借以估计节事活动成本。

影响节事活动成本的因素很多，大致可分为场地、设备、材料、人力、管理、利息和其他因素。这些因素与节事活动的规模有着一定的关系，当节事活动的规模一定时，就可确定出每个因素的估计值，然后加以汇总，就可以得到整个节事活动的成本估计。

利用趋势估计成本，必须考虑两个方面：一是要有充分的历史资料，如果同类节事活动的历史资料较少，就不能反映各因素和节事活动的规模间的真正变化趋势，据此而做的成本估算也会失去意义；二是各个因素和节事活动规模之间关系的确定，要用可比价格计算，以消除价格变动的影响。另外，如果节事活动的地区已经确定或者要在几个地区进行抉择，那么在成本估计时还要将当地的自然和社会条件影响因素考虑进去。

（二）类比法

类比法就是利用类似活动的成本估计节事活动的成本。比如，计划的节事活动是在甲城市举办一次广场音乐节，而同样规模的广场音乐节在乙城市刚举办过，那么举办乙城市这次广场音乐节的成本数据就可作为甲城市广场音乐节的基础，以此结合甲城市的实际情况就可估计出拟办这次节事活动的成本。按这一方法估计成本，要求做估计的人有丰富的专业知识和节事活动组织经验，以保证所做的估计有足够的参考价值。利用经验进行估计，可以在很短时间内获得大致的成本数据，但是由于影响节事活动成本的因素很多，同类节事活动在不同时间或不同地点举办的投资额可能会有大差别，所以这种估计误差较大，只能是一种近似的预测。因此，根据经验估计仅仅作为考虑是否举办此节事活动任务的参考。

（三）自下而上法

自下而上法，是根据节事活动的程序分解结构，即整个节事活动被逐级分解而得到的程序或子项目，由节事活动主管分配专人负责每个程序或子项目，让专人对相应程序或子项目估计成本，然后，将所有的估计加起来，得到更高一级的成本估计，依照此法，就可以得到整个节事活动的成本估计。这种方法可以克服将节事活动作为一个整体来计算成本所带来的误差，因为较小的相对独立的程序或子项目的成本估计比较细致、准确和快捷。但是，这种方法同时存在花费时间长、代价高的缺点。

（四）自上而下法

自上而下法的基础是收集上层和中层管理人员的经验和判断，以及可以获得的关于以往类似活动的历史数据。上层和中层管理人员估计节事活动整体的成本和构成节事活动的子节事活动的成本，将这些估计结果给予基层的管理人员，在此基础之上他们对组成节事活动的任务和子任务的成本进行估计。然后继续向下一层传递他们的成本估计，直到最低的基层。

这种估计的缺点是，当上层的管理人员根据他们的经验赋予成本估计时，分解到下层时可能会出现下层人员认为不足以完成相应的任务的情况。这时，下层人员不一定会表达出自己的观点，很难和上层人士理智地讨论以得出更加合理的预算分配方案，现实中往往出现的是，由于下层人员很少提出上层人员的判断不合理的看法，而往往只能沉默地等待上层人员自行发现其中的问题而进行纠正，这有时会使得节事活动的举行出现困难，甚至于失败。

自上而下估计的优点是总体预算往往比较准确，上、中层人员的丰富经验往往使得他们能够比较准确地把握节事活动整体的资源需要，从而使得节事活动的预算能够控制在有效率的水平之内。就一般而言，同一类节事活动的资源需要往往是比较稳定的，而且即使是看上去相差很大的节事活动实际上有很多方面也是相似的，这也使得有经验的人士做出比较准的估计是可能的。这种方法的另一个优点是，由于在过程中总是将一定的预算在一系列任务之间进行分配，这就避免有些任务被过分重视而获得过多的预算，同时由于涉及任务的比较，所以也不会出现重要的任务被忽视的情况。

六、意外费用的估计

节事活动中难免出现各种意外情况，因此需要对其进行风险分析。风险分析是预测不确定因素对成本影响情况时经常使用的工具，制定控制估计和最终估计都需要进行正式的风险分析。对于大型复杂的节事活动，风险分析可帮助人们认识不确定因素的范围以及一些意外事件发生的可能性。

进行风险分析，首先要确定影响节事活动成本的不确定因素。影响节事活动成本的因素很多，在进行风险分析时，主要应考虑以下内容：

（一）节事活动目标的确定

节事活动目标是成本估计的基础。在进行成本估计时，节事活动内容详细程度不够，就很难把成本估计准确，就有很大的不确定性。比如，文化交流类的节事活动，在节事活动初期，甚至过了一段时间之后，仍有许多内容无法确切知道，需要边研究、边探索、边实践，也就有了很大的风险。

（二）估计成本的方法

估评成本时采用的方法不同，面临的风险也不同。根据经验估计法或趋势估计法，所得成本估计与实际情况可能有较大的差距，风险也很大；根据详细估计法，估计的成本比较准确，相比较而言，风险也较小。

（三）节事活动的复杂程度和规模

对于大规模的节事活动，涉及的范围广，需要协调的环节很多，容易出现配合不好、指挥失灵等问题，从而延长节事活动的预定周期，增加成本。尤其是那些规模大、活动环节关系复杂的节事活动，更容易出现效率低的情况。这些节事活动的风险程度一般较高。

（四）新技术的应用

如果在节事活动中采用了只在实验室或少量节事活动中运用过的新技术，这些技术还有一定的不稳定性或有待进一步观察，但活动组织者为了抢占市场而要求迅速运用新技术，这样的节事活动风险就较大。因此，对这项新技术来说，在这一次活动上运用有可能只是一次试验。

从整个节事活动生命周期来看，它的风险程度是逐渐降低的，在节事活动设计初期风险最大，此后逐渐降低，但是在节事活动举办时、节事活动完成之前，都时刻存在风险。因此，在整个节事活动建设期间，要进行多次成本估计，还要进行多次风险分析。

七、应急费用的估计

应急费用又称不可预见费用，它是为应付未能预见的事件或变化而准备的费用。这种费用主要是用于防备因失误或疏忽而造成的成本增加。同类节事活动的经验表明，对于不确定事件以及可能发生的环节，都需要留足应急费用。

应急费用的数额是根据风险分析、类似节事活动的经验以及节事活动组织者的评估来确定的。应急费用在节事活动成本中所占的比例一般为10%。但是，如果是个特殊节事活动，在没有经验的情况下，不确定性因素多，风险很大，通常可预提20%的应急费用；反之，如果有丰富经验，各种资料齐全，把握较大，风险较小，5%也可以。预提多少不可预见费用，完全取决于实际情况，在此不一概而论。

应急费用主要是应付在节事活动管理之中，做估计或预测时未能预见到的一切可能变动，这些变动没有超过既定的节事活动范围。如果估计或策划出现重大变更、重大进度变动等可能导致成本增加，需要重新估计，追加投资，而不能利用应急费用。

随着节事活动的逐渐展开，许多不确定性的问题逐渐明朗，不确定的因素也逐渐减少。所以，要定期对剩余时间内的不可预见性进行正式的评估。这时，人们会进一步加深对未来工作的认识，可以预见的范围是会进一步扩大的，因而在评估不可预见性时，通过综合风险分析的结果、过去经验的评估，要重新调整剩余时间内应急费用，调整要依据应急费用缩减的原则进行。可以采用直线下降法确定，即从控制估计的不可预见费用水平开始，酌量地减少直到节事活动目标实现，通常在节事活动完成时仍要留占节事活动总成本的0.5%的不可预见费用，以备意外开支。

任务三　会展节事活动的财务成本预算

预算是项目组织者为实现既定的财务目标，根据项目开展进度和任务的要求编制的财务计划。财务预算是项目财务决策的具体化，是控制整个项目资金运动的重要依据。制定财务预算有利于控制项目的各项收支，有利于项目资源得到充分利用，从而获得良好的经济效益。

节事活动成本预算是建立在节事活动成本估计基础之上，对节事活动及其成本估计的合理性进行进一步的分析，采用更加合理的估计方法对节事活动的总成本进行估计，得到更高精度的结果，并且将总成本分摊到各项活动中。节事活动成本预算的主要依据是：节事活动成本估计文件、节事活动分解安排和节事活动进度计划等。

一、节事活动成本预算的作用

节事活动成本预算是指在节事活动成本估计完成之后的预算阶段，为节事活动成本管理制订基准计划的成本管理工作。它负责为节事活动分配预算，确定成本定额和活动总预算，规定节事活动应急费用的划分与使用规则等。节事活动成本预算具有以下几个方面的作用：

（一）项目约束的重要手段

为了完成一个节事活动计划，首要的是获取完成计划所需的资源，活动的上级管理人员对节事活动的批复保证了这一点。预算则是一种分配资源的计划，预算分配结果可能并不能满足所涉及的各项活动组织者的利益要求，而是表现为一种约束，所涉及的人员只能在这一约束范围内行动。而且，也正是预算约束的模式，体现了活动上级部门的政策倾向，对节事活动所包含活动的支持力度反映对该项活动重要性的认识。

（二）项目控制的重要依据

节事活动预算的另一个作用是控制机制。预算可以作为一种比较标准，一种度量资源实际使用量和计划用量之间的基线标准。由于节事活动的组织者的任务不仅是完成预定的目标，而且也必须使节事活动的完成具有效率，即尽可能地在完成目标的前提下节省资源，这样才能获得最大的经济效益，所以节事活动组织者必须小心谨慎地控制资源的使用。由于进行预算时不可能完全预计到实际工作中所遇到的问题和所处的环境，所以对预算计划的偏离总是难免的，这就需要在节事活动进行中不断根据进度来检查所使用的资源量，如果出现了对预算的偏离，就需要对相应偏离的模式进行考察，以确定是否会突破预算的约束和相应的对策，这样节事活动组织者就可以更为清楚地掌握节事活动的进展和资源使用情况，避免出现措手不及的情况，造成节事活动失败或者效益低下的后果。

（三）弹性预算

预算在整个计划和举办过程中起到重要的作用，预算和节事活动进展中资源的使用相联系，根据预算，节事活动组织者可以实时掌握节事活动进度。如果预算和节事活动进度没有联系，那么节事活动组织者就可能会忽视一些危险情况，如费用已经超过了节事活动进度所对应的预算但没有突破总预算约束的情形。在节事活动的实施中，应该不断收集和报告有关进度和费用的数据，以及对未来问题和相应费用的预计，从而可以对比预算进行控制，必要时对预算进行修正。

二、节事活动成本预算的流程

节事活动成本预算的过程包括两个步骤：第一，将节事活动成本估计分摊到活动分解结构中的各个程序或子项目。第二，在整个活动期间进行每个程序或子项目的预算分配，这才可能在任何时点及时地确定预算支出是多少。

（一）分摊总预算成本

分摊节事活动总成本到各成本要素中去，如租金、人工、原材料和分包商，使之成为工作分解结构中适当的程序或子项目，并为每个程序或子项目建立总预算成本。为每个程序或子项目建立总预算成本的方法有两种：一种是自上而下法，即在总节事活动成本之内按照每一个程序或子项目的相关工作范围来考察，以总成本的一定比例分摊到各个程序或子项目中；另一种方法是自下而上法，它是依据与每一个程序或子项目有关的具体活动而做的成本估计的方法。在提交节事活动建议书时通常估计了节事活动的成本，但是那时并没有做具体的计划。可是，在节事活动开始之后，就要详细说明具体活动并制订计划。一旦对具体的活动做了详细说明，那么就能对每一活动进行时间、资源和成本的估计了。每一程序或子项目的总预算成本就是组成各个程序或子项目的所有活动的成本的总和。

分摊到各个程序或子项目的数字表示为完成与各程序或子项目有关的所有活动的总预算成本。无论是自上而下法还是自下而上法都被用来建立每一个程序或子项目的总预算成本，所以在把所有程序或子项目的预算相加后，它们不能超出节事活动的总预算成本。

（二）制定累计预算成本

一旦为每一程序或子项目建立了总预算成本，节事活动预算的第二步就是分配每一总预算成本到各个程序或子项目的整个工期中去。每期的成本估计是根据组成该程序或子项目的各个活动进度确定的。当每一程序或子项目的总预算成本分摊到活动的各个区间，就能确定在任何时候有了多少预算。这个数字是通过截至某期的每期预算成本相加而算出的。这一合计数，称作累计预算成本，是直到某期为止按进度完成的工程预算值。累计预算成本将作为分析节事活动成本绩效的基准。

整个节事活动的或每一个程序或子项目在节事活动的任何时候都能与实际成本和工作绩效做对比。对节事活动或程序或子项目来说，仅仅将消耗的实际成本与总预算成本做比较容易引起误解。因为只要是实际成本低于总预算成本，成本绩效看起来就是好的。但是，在节事活动进行过程中，无法预知到节事活动结束时的实际成本是否小于总预算成本，到了节事活动预算已经超出而仍有剩余的活动要做的时候，要完成整个节事活动就必须增加更多的费用，此时再打算在预算内完成节事活动，进行成本控制就太晚了。

为了避免这样的情况发生，重要的是利用累计预算成本而不是总预算成本作为标准来与实际成本做比较。这样的话，在实际成本开始超过累计预算成本时，就可以及时采取改正措施。

对于那些包括很多程序或子项目的大型节事活动，可使用项目管理软件来帮助进行节事活动的预算。

三、节事活动成本预算的编制

节事活动成本预算计划的编制包括确定某项节事活动的总预算、节事活动各项活动的预算、各项活动预算的投入时间。

（一）确定总预算

节事活动总预算的确定是在节事活动成本估算的基础之上，根据更详细、更深入的设计方案和预算定额对节事活动整个成本做再次估算的工作。总预算确定的目的是将资金拨入预算计划，提高资金预算精确度。

（二）确定各项活动的预算

确定节事活动各项活动的预算是采用“自上而下”的方法。按照节事活动分工安排，将节事活动总成本逐级分摊到节事活动的各个程序或子项目，然后，再根据各个程序或子项目的活动构成，将每一个程序或子项目的成本分摊到各项活动中。在分摊过程中，既可以采用“自上而下”的分解法，也可以采取“自下而上”的汇总法。也就是说，可以先根据每项活动的规模，套用相应的预算定额计算出活动的工作量，并进一步计算出所需要的资源种类和数量，每种资源的数量与单价相乘即可得到活动的成本。然后，再将活动的成本逐级向上汇总为程序或子项目的成本，各程序或子项目的成本再向上汇总为整个节事活动的总成本。

（三）确定预算投入的时间

确定各项活动的预算投入的时间，要根据节事活动的进度安排和节事活动的资源供应计划来进行。

四、建立节事活动成本预算

（一）预算的过程

预算的过程包括成本计算、收入估算以及分配政策及财务来源①。

1. 成本计算

一般而言，大多数活动预算的支出费用项目包括：

市场营销费用：广告费、专项广告费、宣传手册设计费、宣传手册邮寄费、宣传手册印刷费、公共关系费等。

日常管理费用：装饰费用、保险费用、现场电话费、法律咨询费、执照费、许可费、复印费、摄影费、邮费、活动节目单编辑设计和印刷费、报告编制与出版费、按比例分摊的日常管理费用等。

职员、志愿者费用：职员和志愿者住宿费、志愿者表彰和奖品费用、合同工费等。

劳务费：视听人员劳务费、音响人员劳务费、照明人员劳务费等。

租赁费：视听设备租赁费、汽车租赁费、照明设备租赁费、音响设备租赁费、现场办公家具租赁费、场地租赁费等。

运输费：汽车里程补助费、材料运输费、杂费、宾客交通费、职员交通费等。

评估费：咨询师聘用费、评估费等。

---

① ［美］戈德布拉特．国际性大型活动管理［M］．陈加丰，王新，译．北京：机械工业出版社，2003.

注册费：注册材料费、补充注册和入场费等。

2. 收入估算

节事活动项目大多数预算中包括了如下收入项目：广告收入、优惠销售收入、捐款、赞助收入（常见于艺术与体育活动）、投资利息收入、注册费收入、商业销售收入（如体育活动的转播权）、大型活动票房收入、经销商佣金收入（酒店支付）、集资（常见于社区活动）、客户（常见于公司活动）、拨款（常来源于政府）等。

例如，对于一个运动会来说，其现金流有门票收入、电视转播收入、广告收入、纪念品收入、企业赞助、政府拨款以及其他收入，支出有人力费用、设备费用、管理费用、宣传费用、交通费用以及其他各种费用。

（二）成本效益分析

利润是节事活动投资者最关心的一个指标。利润等于总收入减去总成本，利润率是利润与收入的比值，它表示的是各单位的收入得到的收益。

盈亏临界点是项目的总收入和总支出相等时候的状态，此时边际贡献全部用来弥补固定成本，利润为零，即：

盈亏临界点的销售量=固定成本/（单价-单位变动成本）=固定成本/单位边际贡献

盈亏临界点的收入=固定成本/（1-变动成本率）=固定成本/边际贡献率

式中，边际贡献率表示为“（单价-单位变动成本）/单价”；边际贡献率与变动成本率（边际成本率，即单位变动成本和单价之比）的和为1。

盈亏临界点的销售量，是指会展节事活动达到保本状态的最低规模水平。在这个规模水平上，总收入仅仅能够弥补固定成本和变动成本，没有盈利。只有超过这个水平，项目才能盈利。

按销售量分析的盈亏临界点，适用于单品种的经营方式；而按销售收入分析的盈亏临界点，则同时适用于单品种和多品种的经营方式。

项目的正常销售收入超过盈亏临界点销售收入的部分称为安全边际，安全边际的边际贡献形成项目的税前利润，只有安全边际才能为项目组织提供利润。因此，目标利润的计算公式也可以表示为：

目标利润=目标安全边际×边际贡献率

综上所述，用本量利分析法预测目标利润时，可以使用以下公式：

目标利润=目标销售收入-（变动成本+固定成本）

=（单价-单位变动成本）×目标销量-固定成本

=单位边际贡献×目标销量-固定成本

=目标安全边际×边际贡献率

例5-1　某公司举办一个研讨会，场地租金等固定成本总额为40000元，与会人员的酒水和食品费用为每人200元，假定每位与会人员需缴纳参会费400元，且除去以上成本外没有其他开支。要求：

（1）求公司在盈亏临界点的参会人数。

（2）预计250人参会，求其安全边际与目标利润。

解：

盈亏临界点的参会人数=40000/（400-200）=200（人）

安全边际=（250-200）×400=20000（元）

边际贡献率=（400-200）/400×100%=50%

目标利润=20000×50%=10000（元）

注：利用目标利润的其他计算公式也可以得到上述答案。

任务四　会展节事活动的财务成本控制

节事活动成本控制是运用以成本会计为主的各种方法，预定成本限额，按限额开支成本费用，以实际成本和成本限额比较，衡量活动的绩效和效果，并以例外管理原则纠正不利差异，以提高工作效率，实现以至超过预期的成本限额。

节事活动成本控制的关键是经常及时地分析成本绩效。至关重要的是尽早发觉成本差异和无效率的节事活动，以便在情况变坏之前能够采取纠正措施。一旦成本失控，要在预算内完成节事活动是非常困难的。据报道，2004年8月雅典奥运会的费用导致希腊出现360亿欧元的赤字，而这笔花费希腊大约10年时间才能还清。其借贷需求已经超出预算目标至少60亿欧元，而希腊原计划是花费大约40亿欧元。

一、节事活动成本控制的依据

节事活动成本控制的主要依据有如下几个方面：

（一）节事活动成本基准计划

节事活动成本的基准计划是一个按时间分布的、节事活动管理人员用于测量和监控成本实施情况的预算，是节事活动成本控制的基础。

（二）节事活动成本管理绩效报告

节事活动成本管理绩效报告反映了节事活动预算的实际执行情况，其中包括哪个阶段或哪些活动的成本超出了预算，哪些没有超出，问题出在什么地方，等等。这些信息对于节事活动成本控制是十分有用的。这种绩效报告通常要给出节事活动成本预算数额、实际执行数额和差异数额。“差异数额”是评价、考核节事活动成本管理绩效好坏的重要标志。编制节事活动成本管理绩效报告是一件细致而严肃的工作，在编制时，要注意可控性、及时性和适用性。

（三）节事活动的变更要求

节事活动成本的变化主要由节事活动的变更造成。通常，节事活动的变更请求是通过口头或书面方式提出的，既可以是节事活动策划者提出的，也可以是节事活动组织者或者其他方面提出的。节事活动成本控制的一个主要工作就是要审查这些请求哪些是合理的、必需的，如节事活动所需的某种资源的价格大幅度提高了；哪些是不必要的，并且要报给上级主管部门审批。只有取得同意的节事活动变更，才予以补偿。如果节事活动组织者不经过上级主管部门同意，或者仅仅获得节事活动主管部门中非权威人士的口头赞同，就做了节事活动变更，那么就可能面临着其变更活动不能收到付款的风险。

（四）节事活动成本管理计划

这是关于如何管理好节事活动成本变动的说明文件，是节事活动计划管理文件的一个组成部分。在这一文件中，重点给出了有关节事活动成本事前控制的计划和安排，所以，对于节事活动成本控制工作具有非常重要的指导意义。

二、节事活动成本控制的原因与方法

（一）节事活动成本控制的原因

与节事活动成本有关联的因素很多，如节事活动的目标、进度、规模、范围、工作量等。所以，节事活动成本失控可能是由以下原因造成的：

（1）节事活动目标标准的提高，由此而引起的效益是相应原材料价格的提高，管理工作量加大，工作人员素质的提高等。

（2）节事活动进度的调整，为了调整进度而引起的加班、增加人员、增加工资等。

（3）节事活动实际工作量比计划工作量有所增加，却按实际工作量和合同单价付款。

（4）节事活动管理失误而造成的索赔。

（5）市场物价的变化、汇率变化、通货膨胀等因素的影响。

（6）不可抗力的影响。

综上所述，对成本失控的情况应综合考虑合同、技术、管理、外部环境等方面的因素来加以解决。

（二）节事活动成本控制的内容

进行有效的成本控制关键是要经常及时地分析成本的实际数与计划数的差别。尽早发现成本差异和低效率，以便及时采取纠正措施。

（1）分析实际成本与计划成本的差异，确定要采取纠正措施的工序。

（2）决定要采取何种特别措施纠正成本差异。

（3）修订节事活动计划，包括日期和成本估计，综合筹划纠正措施。

（三）节事活动成本控制的重点区域

在评估成本失控的活动时，应集中在下面两点活动上采取措施以降低成本。

（1）近期就要进行的活动。应在近期就对成本超支的活动采取控制措施，并及时地反馈其效果。如果延迟到未来的某一时间再采取纠正措施的话，成本差异会进一步扩大，并随着节事活动的进行，留待采取纠正措施的时间会越来越少。

（2）具有较大估计成本的活动。采取措施减少一个 50 万元的活动项目的 10% 的成本比砍掉一个总值5000 元的活动影响要大得多。一个活动的估计成本越大，取得成本大幅减少的机会也就越多。

（四）降低成本、增加收入的方法

有许多种降低节事活动成本、增加收入的方法。

1. 售票策略

根据座位位置、已经售出的门票数量以及销售时间等变动票价，并给提前预订者一定的折扣。

2. 商业推广

（1）代价券或优惠券：是给持有人一个证明，证明他在参加节事活动时可以免付一定金额的金钱或享受到某种特别待遇或者得到某种特别体验。

（2）展览活动：主办单位选择一个适宜的场地，在那里举办一个节事活动的宣传会，会上提供各种宣传资料和图片，在宣传资料里面大概介绍本次节事活动的各种安排以及在本次活动中吸引消费者来参加的卖点和热点，并且还可以让消费者有所选择地参加自己感兴趣的活动。但是，也要注意一点：办展览活动的时间最好安排在节事活动即将开始前的两个月到一个月，如果时间节点过早，会让参加者对节事活动的注意力不高，因为太早地宣传不仅参加者不能确定自己到时是不是会有时间参加，而且还会产生一种“到时候再说，反正还早”的心理，然后在时间的推移中淡忘。展览活动的宣传作用可以说为零。而对一些收取一定费用的节事活动也可以在这个时候举办预售票活动，并给予参加者 5~9 折的优惠。

（3）与本次节事活动有关的演出活动：即在举办本次节事活动之前，通过调查和分析，选定一个人流较多，又或是本次节事活动的目标顾客常去的区域，举办一些与本次节事活动主题相关的小型表演，如果是收费的节事活动，还可以在现场临时发行一定数量的折价券或是在节事活动中消费的优惠券等。

3. 赞助

赞助收入是节事活动项目重要的资金流入。在赞助过程中，主办方也要充分考虑赞助商的利益，配合赞助商进行一定的宣传活动。而赞助商在选择了赞助的项目或事物后，就会根据自己的实际情况以及自己希望通过赞助所要达到的目的决定是以物赞助还是资金赞助。通常来说，对一些小型的节事如2015成都城市微型马拉松大赛等，赞助商特别是体育用品厂商大都会选择以物赞助。而像奥运会等大型的体育运动节事，赞助商则大多以资金的形式进行赞助，他们认为这是一种免费推广的机会，以期达到双赢的目的。

4. 特殊活动

如印制宣传单页或海报，在一些居民点或商场门口发放或张贴；赞助商家的DM传单，利用商场的活动来加强品牌的传播效果；或者到所在的社区进行上门咨询活动或服务活动；在一些人流量较大的公共场所进行节前策划宣传等；在终端进行主题布展与生动化陈列。围绕策划活动主题，根据一些终端的条件在其门口、商场内、展区内等进行装饰和美化，通过POP、海报、宣传页、条幅、样机演示等内容，全面展示产品策划活动，塑造良好的气氛，还可以通过各种策划资源实现终端策划拦截，使策划信息传播到位。主要指在大卖场门口或大型公共场所进行的抽奖活动、新闻发布活动及文娱演出活动。

在很多情况下，需要交替使用减少成本差异的方法。即有时减少节事活动范围，有时推迟节事活动的进度。如果成本差异很大，可能要求活动的规模或目标锐减才能使节事活动回到预算以内。但整个节事活动的规模、范围、预算、进度和目标会处于一种矛盾的危险之中。在某些情况之下，主管部门与节事活动组织者或分包商必须承认上述因素中的一个或几个做不到。这将造成提供额外资金来弥补预算的超出部分，否则将会引起合同争议：谁造成了成本的超出？谁负担这笔费用——上级主管部门还是组织活动分包商？

三、控制现金流量

控制节事活动的现金流量是很重要的。控制现金流量包括：确保及时地从客户、企业或者上级主办部门那里收到足够的现款以便支付节事活动进行的各种费用，如员工的工资、原材料费、分包商的发票和差旅费等。

控制现金流量的关键是保证现金的流入要比流出更快。如果得不到足够的现金来支付各种费用，就必须借款。借款会增加节事活动的成本，因为任何借款都必须连同借款费用——利息一起返还给借款人。通过合同支付条款可以掌握从客户处流入的现金，依照节事活动组织者的观点，都期望在节事活动的早期而不是后期得到现款。节事活动组织者谈判支付条款时，可以要求客户、企业或上级部门做到以下一项或几项：

（一）在节事活动筹措阶段要预收订金

这项要求是合理的，因为节事活动组织者需要在节事活动开始阶段购买一定数量的原材料和必需品。

（二）根据节事活动的期望活动期定期支付一定的等量现金

在节事活动早期阶段现金的流出一般较小。如果在节事活动早期阶段现金流入比流出的要多，节事活动组织者就能把多出的现金放到银行里来获取利息。这笔资金可以满足节事活动后期更大现金流出的要求。

（三）提供经常的支付，如每周、每月支付一次

对于节事活动组织者来说，最坏的情况是只在节事活动结束时一次性支付。在这种情况下，节事活动组将必须通过借款来满足节事活动费用的现金。

任务解决

通过节事活动成本管理，保证目标利润的实现。

实训任务

某节庆活动预算

任务分析

为某购物中心周年庆设计主题活动。通过多样的现场活动、流行的气氛及活动氛围布置，同时辅以创意性的媒体选择以达到以小博大的传播效果，促进购物中心销售。请为本次活动进行成本估计和预算。

操作步骤

组织分工：教师将学生每5~8人分为一组，设组长一名，分组进行会展项目财务预算管理操作。

任务研究：训练关键在于让学生熟悉节事活动项目财务预算管理的过程，掌握预算中各财务费用项目的任务和成本。

注意事项：学生在进行项目预算前，为方便学生预算，教师应先提供购物中心的基本信息、人工费用和材料费用等相关价格，为学生预算实训提供必要的计算帮助。

项目内容小结

节事活动的财务成本管理是会展类企业遵循客观经济规律，根据国家计划和政策，通过对企业成本进行估计、预算和控制，从而通过成本控制达到综合性管理的目的。

自我评估

1. 名词解释

节事活动成本　财务预算　总预算成本　累计预算成本

2. 判断题

（1）分析和总结预算工作的重点是对预算和实际发生额之间差异的分析。（　）

（2）预算在传统上被看成是控制支出的工具，但新的观念将其看成“使企业的资源获得最佳生产率和获利率的一种方法”。（　）

（3）利润规划是在一定的条件下，通过对未来销售水平、成本水平的合理预测确定目标利润的过程。（　）

（4）所谓盈亏平衡，就是节事活动举办方所得到的所有收入恰好能弥补其为举行该活动所支出的所有成本费用，也就是总收入正好等于总成本。（　）

（5）节事活动利润管理，是项目组织者制定目标利润，并以目标利润为标准，对项目资金运动全过程进行决策、计划和控制，保证财务目标实现的系列活动。（　）

3. 简答题

（1）节事活动财务成本管理的主要内容是什么？

（2）盈亏平衡分析法在节事活动中有什么作用？

项目六

会展节事活动的现场管理实施

导读职业能力目标

掌握如何选择会展节事活动的场所并能够按活动要求进行场地布置，全面掌握会展节事活动现场管理工作，保证节事活动的顺利开展，并实现经济效益和社会效益。对节事活动进行有效的人员管理。

任务导入

会展节事活动前期的策划、筹备工作要经过较长时间，大型会展节事活动要经过半年到一年的时间才能进入更为关键的实施阶段，会展节事活动实施的现场管理是非常关键的部分，关系到会展节事活动是否顺利成功，一旦出现疏漏轻则给会展节事活动顺利完成带来障碍，重则无法完成会展节事活动并造成恶劣的社会影响。

2016 中国马术节在成都召开，请撰写本次节事活动现场服务方案。

任务一　会展节事活动场地布置

一、如何选择会展节事活动的场地

场地是会展节事活动的基础硬件之一，一个与会展节事活动匹配度高的场地，无疑会为活动本身增色不少。选择一个能让组织者和参与者都能满意的会展节事活动场地非常重要，面对众多的场所，到底怎样去选择呢?

（一）选择会展节事活动场地的方法

1. 列出可供选择的清单

必须制作一个会展节事活动场所清单表，清单表上需注明活动要求的所有重要条件。如果清单设计得合理，表明了活动场所的条件好坏，将大大便于各个场所的比较和选择。费用（成本）与便利性，是否临近机场，轿车或出租车是否足够，停车空间是否充足，如果需要，接送交通工具是否充足，费用情况。

2. 选择合适类型的场地

选择适合的会展节事活动场地，必须依据当地可提供的活动资源状况及该活动的程序、预计的与会人数、与会人员的背景情况，以及最重要的活动目的、目标和与会者的偏好等因素综合考虑。

3. 活动类型与场地的搭配

活动场地要与活动类型搭配。如举办培训活动的最佳环境是能提供专业工作人员和专门设施的成人教育场所（公司的专业培训中心或旅游胜地的培训点）。研究和开发会议需要有利于沉思默想、灵感涌现的环境（培训中心或其他宁静场所最为适合）。重大的奖励、表彰型会议一定要有档次，要引人入胜，会议的目的是对杰出表现予以奖励。对于交易会和新产品展示会，需要选择有展厅的场所，还要求到达会场所在城市的交通必须便利。

4. 亲临现场实地考察

在考虑去做现场参观之前，先检查一下是否已具备了前提条件：报价方接受和同意会议明细表中的各项事宜；报价方应是候选名单中较好的一个；对报价方拟订的合同条款基本接受。对于亲临现场进行考察应注意以下几点；一是会见能做决策的人，这样有利于以后解决可能出现的交易问题；二是只要可能，一定要在对方建议的日期去进行参观；三是最好在场地有活动时去参观，便于看到场地的优势和不足。

（二）会展节事活动场地的类型

室内场地：项目所在地（具有局限性）；剧场、常规酒店、俱乐部等。

室外场地：客户本体（项目现场草坪等）；公园、广场等。

二、会展节事活动场地选择考虑的因素

1. 容纳人数、使用面积

有的室内场地是可以很多间打通的，要注意单独间面积是多少，多间打通后又是多少，可通过宣传册收集。

2. **动力电是否提供，是否收费**

如果收费，是按商业电收费，还是按酒店收费等，要问清标准。

3. **会场层高**

天花板到地面的高度，但是要考虑的是屋顶灯的最下方到地面的高度。

4. **价格**

场地当天价格——半天价格、全天价格、规定时间分割段数等；场地多天价格——整场价格、会展节事活动当天价格；协商规定时间段数外的工作事宜。

附加费——服务费、餐饮费（包括茶饮、茶点、鸡尾酒会等；午餐有中式自助、西式自助和西式套餐，问清食品样式及价格，根据客户的身份定制餐式，并根据会展节事活动内容定摆台形式。

5. **附属场地**

会展节事活动前使用贵宾间怎样收费，贵宾间到主会场的行动路线及所需时间。

6. **硬件提供**

投影仪、麦克风、音响、舞台拼接地块、主席台、桌椅等。

7. **其他物品提供**

信纸（简易记事本）、笔（铅笔或水笔）、冰水（免费）、茶水（免费）、矿泉水、指引水牌（尺寸、数量）、桌卡（架子尺寸）。

8. **停车场**

提供固定车位数量、是否收费。

三、会展节事活动场地布置

会展节事活动场地布置及说明：

迎宾区：①制作迎宾区来宾签名背景墙，来宾到来后签到，留影；②安排礼仪人员若干，主要负责来宾的胸花佩戴及引导；③路口到迎宾区铺设红地毯，两边制作企业宣传图片及未来发展规划；④整体布置参照奥斯卡颁奖典礼布置。

外围氛围区：①施放空飘气球；②彩拱门（道口入场处）；③彩旗（沿道两侧）；④标语；⑤军乐队；⑥花坊背景图；⑦彩烟施放区；⑧和平鸽放飞区。

贵宾接待区：①搭建贵宾接待室，约 1200 平方米供 300～400 人就座；②沙发；③水果饮用水；④毛巾、纸巾；⑤茶杯；⑥桌椅；⑦接待室内铺设地毯；⑧接待室内安装临时空调；⑨安保；⑩礼仪。

贵宾、来宾停车区：①贵宾专区停车处；②来宾专区停车处；③贵宾停车指示牌；④来宾停车指示牌；⑤安保；⑥接待；⑦礼仪；⑧贵宾车辆通行证。

特殊车辆停车区：①消防车辆指定停车区；②工程车辆指定停车区；③特殊车辆指示牌；④特殊车辆通行证；⑤特殊车辆设警戒线。

医疗救护区：①搭建医疗救护室；②副主任1名；③医生；④护士；⑤120救护车；⑥其他临时应急药、物品等。

卫生区：①设贵宾卫生洗手间男用；②设贵宾卫生洗手间女用；③设观众卫生洗手间；④贵宾卫生间专用指示牌（男、女）；⑤观众卫生间专用指示牌（男、女）；⑥应急供水处。

观众区：①搭建观众区员工应该考虑，可防雨、防晒；②观众区桌位指示，分领导席、贵宾席，领导席席位口摆放桌子、水、毛巾鲜花等；③帐篷顶部做装饰可选择红绸带等，要美观大气、庄重、喜气；④观众区铺设红地毯；⑤观众区设若干出入口、安全通道及应急疏散通道；⑥观众区可搭建多层观礼台，这样便于后区嘉宾看到舞台全景。

舞台区：①搭建舞台一律铺设地毯；②舞台台口摆放4~5层鲜花，中间留领导上台通道；③舞台摆放一排领导座席和发言席；④舞台区搭建大型篷架，以防雨和防晒；⑤设计制作舞台背景或安装LED大屏，现场出入口设计合理，演出音响不能对着场内。

任务二　现场会展节事活动管理

一、现代大型会展节事活动的组织与管理中的典型问题

（1）劳动强度大。由于没有一个合理而科学的管理和执行规划，往往是事到临头才找人去做，所以在会展节事活动期间内人员的体力和脑力严重超支，往往每天只能睡几个小时或者根本就没有睡眠时间。

（2）财务预算超支。由于没有对会展节事活动过程中的各种支出做出一个比较详细而严密的预算，所以在会展节事活动的执行期间往往会冒出很多预算之外的支出，使会展节事活动结算时严重超支。

（3）会展节事活动过程混乱。由于在会展节事活动执行前期的分工混乱，缺乏规范的管理，直接造成会展节事活动执行过程中的人员调配、流程执行等环节的混乱，严重影响了会展节事活动质量。

（4）管理观念落后。现在很多会展节事活动的组织方、承办方的负责人都认为，做会展节事活动本来就是一个繁杂的事情，会展节事活动过程就应该乱、就应该忙、就应该累，他们把会展节事活动执行过程中容易出现突发事件、事务繁多、时间集中的特点当作一种忙、乱、累场面的必然理由。殊不知，科学管理的初衷和基本作用就是为了防止和应付计划执行过程中的突发事件，尽量减少突发事件对计划执行的影响。我们今天提出提高会展节事活动管理效率的目的，也正是科学地研究会展节事活动执行过程中的

方方面面，以求提前规划，科学执行，尽量减少我们现在所出现的不必要的人力、物力和财力的浪费，从而最终提高会展节事活动的质量。

二、拟订会展节事活动筹备计划

凡事预则立，不预则废。会展节事活动筹备计划是有效地协调各项工作、推动各项工作顺利进行的最重要的工具，是项目管理会展节事活动的首要环节。抓住这个环节，就可以提挈全局。所以，会展节事活动筹备计划是会展节事活动成败的关键性因素之一。会展节事活动筹备计划主要包括以下几项内容：

（1）工作计划。也称实施计划，是为了会展节事活动项目最终实现而制订的实施方案，要说明以什么方法组织实施会展节事活动，需要做什么工作，如何利用各方面资源达到最佳效果等。

（2）人员组织计划。主要表明各子项目中的各项工作由谁来负责，以及相互关系。在这份计划中，通常都采用框图式构架，各项工作、负责人、具体情况等内容都集中在一起，制作一个人员组织计划表。可以让工作人员一目了然。

（3）会展节事活动进度计划。根据会展节事活动的正式开始时间和筹备工作正式开展的时间，对筹备工作的各项任务制订工作进程计划。通常情况下，制订会展节事活动进度计划时会采用框图式构架。

（4）财务预算计划。即会展节事活动实施过程中的各项费用预算。

（5）应急计划。这是很多会展节事活动的主办方最容易忽略的地方，一方面是因为会展节事活动过程中出现的突发事件不太容易预测，应急计划不知该从何入手；另一方面也在于大多数会展节事活动组织者对会展节事活动的风险管理没有一个清晰的认识，在意识里还没有风险管理的概念。但是大型会展节事活动一般都具有筹备时间长、涉及人员多等特点，在这个过程中难以保证每个人都不出问题、每件事情都进展顺利。所以，一份相对严密的应急计划还是不能少的。

三、会展节事活动现场管理的内容

1. 入场管理

为了维护会展节事现场入口的良好秩序，确保每一位与会者和观众都能畅通、便捷地进入活动现场，为了提高工作效率，绝大多数活动组织者都偏向于把预先登记的活动参与者和现场到场的活动参与者分开，科学的分流不仅能保证活动参与者迅速入场，还有利于会展节事活动主办单位日后建立客户数据库。另外值得一提的是，一些会展节事活动的主办单位还在入口处设置了会展节事活动及论坛议程牌，这样无疑也便于人们，尤其是现场临时到场的参与者预先了解活动的总体结构和主要会展节事活动安排。

2. **现场广告管理**

在一次大型会展节事活动中，主办单位获取广告收入的渠道很多，如展览快讯、会展会刊、户外广告牌、气球、标语等，但无论采取什么样的广告载体，会展节事活动主办单位都必须指定明确、统一的广告政策，做到对所有参展商一视同仁。即使制定有相应的优惠措施，也应该让所有参展商都了解，而不应简单地根据参展企业的规模大小来决定是否给予其优惠。

3. **安全管理**

会展节事活动现场的安全管理主要涉及四个方面，即盗窃、舞台结构、火灾和卫生。为此，会展节事活动主办单位需要和消防、卫生和公安等部门主动联系，积极争取这些部门的支持。例如，第十届上海国际汽车工业展览会举办时正值 SARS 肆虐时期，在这种严峻的形势下，主办单位和卫生部门精诚合作，加强入口管理和现场卫生防范，终于圆满完成了此次展览会。

4. **交通、物流管理**

对现场物流和交通的控制是会展节事活动全面控制的至关重要的部分。事实上，交通也属于物流的范畴，只不过这里的“交通”主要是指现场的交通工具、停车场及线路的规划，如展品运输车辆、巴士（往返于地铁或机场与活动场地之间）、Taxi、停车场等。对于大型会展节事活动而言，现场交通与物流管理的负责人至少应该掌握一份联系人名单、活动场地地图、抵达场馆的时间、现场交通规划草图、紧急情况应对计划、现场联络点，也包括安保和志愿者。

5. **证件管理**

为了便于会展节事活动现场管理，同时出于统计的需要，会展节事活动主办单位一般会对活动实行证件管理，即拥有活动主办单位认可的证件才能进入场馆。通常来说，在一次会展节事活动中，主办机构要印制证件分别发放给参会者、观众、工作人员（包括主办机构、承办机构和协办机构的相关工作人员）、筹（撤）展人员、媒体记者及与会嘉宾（包括领导和讲演嘉宾）。另外，为了保证参与者和嘉宾的停车位，场地管理方还会使用停车证。主办机构必须加强对节事活动证件，尤其是门票的管理，否则很容易出现混乱的局面，从而影响节事活动的安全和形象。还有一点需要指出，如果节事活动拟出售门票，主办单位需事先向税务部门报告，在征得同意后方可印制和出售门票。

6. **活动参与者投诉处理和新闻管理**

在会展节事活动举办过程中，不可避免地出现个别参与者对场地现场管理、配套服务等表示不满，并向主办单位接待办公室提出投诉的现象，有些则直接到问询处投诉，这时迫切需要一个专门的机构来处理各种投诉。节事活动的新闻中心的硬件设施和人员配备应根据节事活动规模等实际情况决定。主办单位要安排专门的新闻主管，负责统一发布节事活动的官方信息，并接受媒体的采访。所委任的新闻主管必须善于言辞，举止落落大方，并十分熟悉会展节事活动的相关情况。

7. **会展设备管理**

会议所需视听设备包括各种类型的会议都需要使用视听设备，尤其是国际会议，在视听设备方面的要求更是严格，对音响、麦克风、放映机、银幕等都要有一定的质量要求，往往需要由专业人员协助规划。

（1）放映设备。放映设备是指在会议室内演讲时所用到的辅助器材，如幻灯机、投影机等。

（2）音响设备。音响设备对会议的质量具有相当大的影响，会议经理人如果能将下列几项音响方面的基本因素考虑进去的话，将对会议质量的提高有相当大的帮助。包括麦克风、录音设备、特殊视听系统等。

任务三　现场人员管理

一、会展节事活动中人员的角色管理

会展节事活动过程中最容易出现的三个问题：会展节事活动前期准备不足造成的现场设施设备用品的漏缺；会展节事活动现场分工不明确导致管理混乱；对现场突发事件的处理缺乏一定的准备和技巧。

由于会展节事活动现场的参与人员数量大、事务繁杂，所以如何控制好现场的各项工作，保证会展节事活动的顺利进行，对于会展节事活动的管理者来说也是一个极大的挑战。为了提高会展节事活动实施阶段的管理效率，应该实施操作程序的管理。程序化管理是一种科学的管理意识，只有程序化实施，才能有标准化、科学化管理，因而实施设计，重要的是设计出操作的规范程序。

根据参与会展节事活动人员的不同身份大致可以分为六类，即会展节事活动组织方、场馆方、演员/主持/选手等、舞台/灯光/音响制作方、嘉宾/观众方和媒体记者方。根据会展节事活动参与者的角色来分配管理工作，分工明确，各负其责，这种管理称为“角色管理”，即根据参与会展节事活动者的不同身份把现场的管理任务分为若干方面，每一参与角色群体的相关事务为一方面的管理任务，再分别安排专人来负责某一方面的相关事务，最后由项目负责人来统一管理各个方面的负责人，协调和控制整个现场工作。

1. **角色划分**

角色管理的前提是对参与会展节事活动的全体人员进行科学的角色划分，这也是实施操作会展节事活动现场工作的基础。在角色划分的过程中既要注意角色的独立性，又要注意角色所内含工作的系统性和联系性。因为角色划分的最终目的就是使工作分工明确，易于操作。

（1）会展节事活动的组织方：主要包括会展节事活动的主办方、承办方、协办方等参与会展节事活动整体策划和运作的单位和个人。不管是在程序上，还是事件的实际处理过程中，会展节事活动的组织各方都需要很紧密的合作与联系，这对于他们的管理和协调亦非常重要。

（2）场地方：主要是指场地的所有者或管理者。例如，在体育馆举行演唱会时的体育馆方，在社区举办会展节事活动时的社区街道办或者物业管理方等。他们在整个会展节事活动的进程中扮演着会展节事活动实际操作过程中的把关和配合角色。

（3）演员/主持/选手方：这方面主要包括参与会展节事活动的演员、主持人、参赛的选手、参加讨论的发言人等会展节事活动的表现主体人员。所谓表现主体人员，是指在整个会展节事活动的进程中具有一定的表演、展示、发言等行为的人员。这种称谓主要是为了有别于会展节事活动主体人员，因为很多时候的会展节事活动主体人员主要是观众，但是观众方我们会单独管理。

（4）舞台/灯光/音响制作方：主要包括舞台的搭建、灯光的安装、音响的调试等几个方面的工作人员。这些都属于会展节事活动的基础设备，而且具有很强的联系性，所以把对他们的管理专门划出来。

（5）嘉宾/观众方：主要包括到场的领导、嘉宾、评委、观众等几方面的人员。因为参与会展节事活动的领导、嘉宾和观众等在会展节事活动举行过程中的会展节事活动范围基本都限于同一场地，所以把他们归为一方。当然，对于某些大型的会展节事活动，由于参与嘉宾人数众多，且与之相关的会展节事活动频繁时，也可以把嘉宾和观众方分开进行管理。

（6）媒体记者方：主要包括会展节事活动邀请的媒体和主动前来采访的媒体。因为每次会展节事活动都会产生一定的社会效应，而且很多公关会展节事活动的最终目的就是增大宣传力度、扩大影响力，媒体的参与对于整个会展节事活动的效益评估具有很大的参考价值。所以对于媒体方的管理也就理所当然地独立进行了。

有时候，某些大型会展节事活动的每一项都可能会有很多事务，如一场大型的演出在演员方面，可能在道具、演员食宿、后台设备等方面都有很多事情要做，那么这个时候可以在角色划分的基础上，再对各项事务进行进一步的细分。总之，在角色的划分上应该充分考虑到具体会展节事活动的实际情况，根据实际情况来决定划分的具体内容才能得到事半功倍的效果。

2. 工作职能

各种角色的管理人员之职能主要表现在：①监督和控制各种角色参与人员的到场和准备情况。例如，舞台灯光音响是否已经安装和调试完毕，为领导嘉宾准备的笔、纸、水、名牌等是否齐备，演员是否到齐，媒体记者是否已安排妥当等；②负责各角色人员之间的信息沟通。参与会展节事活动的各个方面都需要互相配合，各角色管理人员应当及时传达他们之间的信息和各种配合要求；③负责解决各角色群体提出的各种要求和出现的各种问题；④及时向项目负责人报告工作进展情况；⑤解决现场出现的其他相关事务。

3. 角色管理在筹备期的运用

在会展节事活动筹备期的工作安排，以及拟订工作计划的时候，我们往往以事件为核心来安排工作，即“什么事，派什么人”。毋庸置疑，这种管理方式具有很强的目的性和针对性，所以在会展节事活动的筹备期间具有很强的实用性。但是，如果在会展节事活动筹备期适当地运用角色管理，那么在项目的执行过程中会更加“如虎添翼”，而对于会展节事活动现场的管理也会显得更加得心应手、游刃有余。

在筹备期的角色管理仍以会展节事活动现场角色划分为基础。即把会展节事活动现场的角色管理任务加以延伸至会展节事活动的筹备前期，以各类参与角色为线索，分别展开与之相关的筹备工作，并安排专人负责跟进整个筹备进程，并且承担会展节事活动现场的同一方面的工作。例如，在舞台方面，可以在对舞台、灯光、音响制作方的联系中确认到最后签订合同都有一个人专门负责跟进（当然也可能是几个人或一个小团队），而且在最后的会展节事活动现场仍由其担任舞台、灯光、音响的相关事务。这样的话，在对现场舞台方面的监督和控制上都会更加顺利高效。

但是由于一般会展节事活动从筹备开始到会展节事活动的现场实施都有一个很长的阶段，人员变动比较频繁，所以人员安排“从一而终”并不容易，但是尽管如此，我们在实际操作中还应该尽量让人员“从一而终”。从而进一步保证会展节事活动的进展速度和效率。

二、项目负责人制

在角色划分好以后，就是实实在在的执行和管理了。只有大家都固定地听从一个人的统一安排，互相配合，才能保证各项工作有条不紊地开展。如果每个人都去控制现场，现场也就失去了控制。现场一旦失去控制，什么情况都有可能发生。所以为了保证现场工作顺利、高效地展开，现场管理必须只能由一个人统一管理。在这种情况下，如果有些承办方的领导或者某个主管发现现场有些问题需要有人去处理时，可以告知项目负责人，在项目负责人的统一调配下，协作负责人处理。“项目负责人制”无疑是目前有利于整个会展节事活动策划和实施过程中顺利、高效进行的较好的管理制度。

三、现场人员管理中应该注意的几点

1. 认识场地方负责人

会展节事活动现场出现的问题很多都需要场地的管理方来协同解决，所以被安排和场地管理方接触的人必须提前和场地管理方负责本次会展节事活动的主管取得联系，以便在处理现场问题时能够及时和场地的负责人沟通，提高办事效率。

在这个过程中，最好让场馆的本次会展节事活动总负责人把负责当场会展节事活动的相关管理人员都介绍给节事活动组织方认识，以便在不能马上找到总负责人时也可以让其他相关管理人员配合节事活动组织方解决问题。同时，也可以把组织方的相关管理人员介绍给场馆方认识，同样也是为了在出现问题时双方可以及时、高效地沟通。

通常在会展节事活动现场，会展节事活动的组织方一般通过服装来辨认场馆工作人员，而场馆方亦是通过工作证件来确定组织方的工作人员。这种情况虽然对于双方人员身份的确认很少出错，但是在解决问题时难免会出现一些尴尬的局面。例如，我们有时候找场馆的普通工作人员，他们又没办法也没权力为你解决和确认任何事情，最后还是得去找他们的负责人。同样，场馆的工作人员在询问有关会展节事活动现场的某些问题时，也并不是节事活动组织方的每个工作人员都知道或者可以决定的。所以，如果时间和条件允许的话，会展节事活动开展前，双方的相关管理人员最好都互相认识一下。

2. 工作协调会议

在各方面工作都安排妥当的时候，不要忘了在会展节事活动开始前的工作协调会议。工作协调会议的目的一方面是在会展节事活动开始前让所有工作人员最后确认自己的工作职责，加强员工对自己本职工作的实施印象；另一方面，也是为了及时向员工传达临时变动的若干事项。

在这里需要强调的是，不管自己的工作在之前安排得多么妥当，会展节事活动正式开始前一天的这个工作协调会议一定要开。因为这不仅仅是为了布置工作，它更是会展节事活动前的一次动员会，有利于进一步提高员工的工作紧凑感和相互之间的协作默契。它不仅让员工明白自己要干什么，而且还让员工明白自己应该拿出什么样的干劲来工作。因此，这次会一定不能少。而且通过众多会展节事活动，也已经证实了这次会议的必要性——开过会的工作人员往往在第二天的会展节事活动中工作的目的性更强，效率更高，相互之间的配合也十分完美；而没开过会的工作人员，往往精力不够，工作任务和目的意识模糊，效率低下。

除此之外，对于举办时间过长的会展节事活动，如要好几天，或者好几周，甚至是更长，在每天或者每个系列的会展节事活动结束后还应该举行一次对于当天或当场会展节事活动的总结会议，以便及时总结会展节事活动的得失，一方面对于出现的情况马上进行处理，另一方面也防止在以后的会展节事活动中再次出现，也便于对接下来的会展节事活动进行更加详细的安排。

很多会展节事活动的组织方有时候是因为对这方面不够重视，有时候是因为考虑到会展节事活动执行的过程中员工都很疲劳，非常厌烦这些“无聊的不必要的”会议，所以很多时候都会忽略这些会议。但是事实上，这都是非常必要的事情。如果是因为疲劳，可以在时间和福利上做出适当调整；如果是因为不够重视，一定要重视起来。

任务解决

掌握如何选择会展节事活动的场所并能够按活动要求进行场地布置，全面掌握会展节事活动现场管理工作，保证节事活动的顺利开展，实现经济效益和社会效益。对节事活动进行有效的人员管理。

实训任务

任务分析

2016中国马术节在成都召开，请撰写本次节事活动现场服务方案。

操作步骤

1. 编写2016中国马术节入场管理方案。
2. 编写2016中国马术节现场广告管理方案。
3. 编写2016中国马术节安全管理方案。
4. 编写2016中国马术节交通、物流管理方案。
5. 编写2016中国马术节证件管理方案。
6. 编写2016中国马术节活动参与者投诉处理和新闻管理办法。
7. 编写2016中国马术节现场人员管理方案。

项目内容小结

由于会展节事活动现场的参与人员数量大、事务繁杂，所以如何控制好现场的各项工作，保证会展节事活动的顺利进行，对于会展节事活动的管理者来说也是一个极大的挑战。为了提高会展节事活动实施阶段的管理效率，应该熟悉节事活动现场的管理。只有程序化、标准化、科学化管理，才能够保证会展节事活动的顺利开展。

自我评估

能够全面制订具体会展节事活动的现场管理方案。

项目七 会展节事活动的风险控制与管理

导读职业能力目标

了解会展节事活动风险的概念、风险控制的概念，掌握节事活动风险识别的方法、潜在风险的能力、应对风险识别方法的能力、节事活动风险控制的基本方法，有一定的风险管理实操能力。

任务导入

成都某会展公司目前遭遇成都年货购物节开展期间展台坍塌，出现人员受伤的情况，怎样做才能将负面影响降到最低，让年货购物节顺利进行？

任务一　会展节事活动风险的概念及其识别

一、专业知识

1. 关于节事活动风险的基本概念

（1）“风险”的定义

“风险”即可能发生的危险，因人们在节事活动策划、组织过程中，存在对未来行为的决策及客观条件的不确定性，可能使活动不能达到目标或偏离预定目标，甚至引起节事活动的失败。

（2）节事活动风险及其因素

节事活动风险一般可以划分为社会环境风险、技术风险、费用风险、进度风险、管理风险五类。

社会环境风险是指由于国际、国内的政治、经济、技术的波动（如战争、内乱、政策变化等），或者由于自然界产生的灾害（如地震、洪水等）而可能给项目带来的风险，这类风险属于大环境下的自然风险，一般是致命的，是几乎无法弥补的风险。

技术风险是指由于节事活动相关的技术因素的变化而给节事活动带来的风险。

费用风险是指由于节事活动要求不明确，或受技术和组织等因素的影响而可能给节事活动费用带来超支或者资金不足的风险。

进度风险是指由于种种不确定因素的存在而导致节事活动进行不顺利的风险。

管理风险是指由于职能管理与管理对象（如节事活动的管理组织、领导素质、管理计划）等因素的状况及其可能的变化所带来的风险。

2. 安全管理：节事活动风险的基础理论

安全管理是化解风险的基本途径。旅游业中传统的安全管理主要是针对人、物的安全。其基本目标是：人的生命免受危害；人的身体不受损害；财物不遭受任何意外的损失。但是，这样的安全管理内涵，不能囊括现代节事活动安全管理的全部内容。由于节事活动安全管理的主要功能是保证整个节事活动过程的顺利推进，因而其基本内容就不能停留在一般的旅游安全管理的水平。

由于节事活动组织的复杂性，笼统地讨论其安全管理问题，并不能有助于节事活动承办者安全管理意识的提高并制定出合理的安全管理措施。

与会议的安全管理类似，以下五个方面是普通的节事活动安全管理的内涵。

（1）群体安全和个人安全

群体的安全由个人的安全集合而来，但是两者之间也有明显的差别。个人安全可以看作是群体安全的一种特例，当个人安全事故频繁出现，造成危害的程度超过一个群体内普遍的承受力时，就可以认为出现了群体安全事故。举例而言，当一次节事活动的接待工作开始之后，在很多集体活动时段，像主题表演、大型活动、全体会议、宴会聚餐、团队考察、站场接送等，都可能存在群体安全风险，如现场火警、食品中毒、车船事故、误点误机等。换个角度看，这些群体安全风险都是通过独立的个体受到的打击而体现出来的，因此可以认为个人安全风险组成了群体安全风险。

在个人安全风险里面，还可以区分出：人身安全，直接关乎节事活动相关人员（不仅是参与节事的正式代表）的生命和健康的安全问题；财务安全，关乎财产和物品的安全问题。例如，紧急医疗、餐饮卫生、火灾救险、盗窃防范等，都是节事活动的个人安全管理方面的必然工作。有一些特别的人身安全例子，尤其应该得到节事活动组织者的重视，如由于宗教信仰而形成的一些特殊的用餐习惯，像伊斯兰教的饮食禁忌等。在细节决定成败的管理理念下，这些细微之处的工作做得是否到位，能直接体现出节事活动组织者的水平。

（2）设施安全和服务安全

设施安全和服务安全区别是明显的，服务是直接的人对人的互动方式，因而服务安全更多地存在于人际关系和公共关系问题中。设施安全问题其实也可以看作一种技术安全问题，因为很多时候，设施的管理者、维护者、操作者的技术是否娴熟对处理此类安全事故尤为重要。

设施安全事故的事例很多，如饭店安全管理里面涉及的很多内容都与此息息相关。设备上一旦出现问题，其损害对象可能不仅是整个节事活动的质量，也不仅是参与者和来采访的各家媒体，还可能是设施设备的管理者和操作者自身，如宴会厅未及时风干的地砖造成服务人员和客人滑倒，又如现场突然停电而没有及时安排备用电源导致节事活动不得不改期或更换场地。可以用“待人接物”这句俗语来简单地归纳节事活动设施安全和服务安全管理的基本内容。在这里，“待人”强调的是非技术能力，即节事活动组织者和服务人员的服务能力；“接物”强调的是技术能力，即节事活动工作人员保证设施设备维护到位运行、正常及时检修的能力。

（3）组织安全和合作安全

组织安全主要涉及节事活动组织者内部的问题，如参与节事活动组织的机构是否完备，参与组织接待的人员是否素质合格、是否尽心尽力，每项写入节事活动筹办计划中的工作是否都有专人负责，一旦出现节事活动组织上的事故该由谁出面直接处理、由谁应对新闻媒体、由谁承担损失和责任等。在组织安全的考虑中，节事活动组织者本身的经验相当重要。

对照来看，合作安全属于不同节事活动组织方（如同时有几个承办单位）之间的相互协作问题，对每一个组织而言，可以看作其外部的组织安全。在筹办节事活动时，各组织方应该以书面形式明确各自的权责，避免一旦出现问题时各方相互推诿搪塞而导致事故或危机无法迅速解决。

（4）通信安全和媒体安全

对内的请示上传和命令下达、对外的新闻通报和舆论控制，这两部分非常重要的工作构成了节事活动当中信息安全管理和媒体安全管理的基本内容。不可想象，一次节事活动的顺利进行可以在信息传播效率极度缺乏、准确性低下的恶劣情况中圆满完成；也不可想象，一次节事活动的对外宣传工作可以依靠广大媒体的合作力量，而仅凭节事活动组织者自己的信息发布机构、人员就可以取得预期的效果。当然，也要注意一种特殊情况，即提供的资料数据过多反而使重要信息变得不明显。所以，无论是针对内部的通信安全管理，还是针对外部的媒体安全管理，都应该注意突出信息重点。

由于人们接收信息的猎奇心理和“自我正义”假设，人们更爱从媒体处接收那些负面的报道，以满足自己好奇心和道德正义感，进而形成整个社会舆论批评的热点。或者节事活动的一次事故被媒体曝光，甚至其影响被放大式地报道，都很有可能对节事活动组织者的行业形象和社会形象形成摧毁性的破坏力量。在任何时候，媒体安全都是节事活动组织者不可忽视的重要工作。

（5）时间安全和空间安全

时间安全对一次节事活动整个过程的顺利推进而言非常重要。但是，时间安全并不是一种可以直接由节事活动组织者来控制和管理的安全对象，而是需要通过其他安全问题的应对措施得到布置和施行之后自然能够得到保障的一个对象；从这一意义上看，空间安全也具有类似的特点。当前面提到过的群体安全、设施安全、服务安全等都得到保障之后，时间安全和空间安全自然成立。

以上五个方面并非简单并列，而要区分轻重缓急。一般而言，在节事活动开始之前，首先应该从节事活动组织机构上着手解决群体安全、设施安全、组织安全、合作安全的问题；在节事活动开始接待参与者之后，应该强调个人安全、服务安全、时间安全、空间安全的问题；而信息安全和媒体安全目前越来越得到节事活动组织者的重视，因为在任何情况、任何阶段，信息的准确、及时传达以及媒体公共关系的处理，都将是节事活动顺利进行、状况广泛通报、危机迅速解决的必要条件。

3. 节事活动风险的特征

（1）客观可能性：风险是客观存在的，虽然可以采取防治措施防止或降低风险发生导致的损失，但不能完全消除风险。

（2）偶然性：即不确定性，不幸事件何时何地如何发生，其可能带来多大的损失，都有很大的偶然性，对于独立个体来说，事先难以确定。

（3）可测性：单个风险的发生虽然是偶然的，但是大量同质个体某一时期某种风险的发生又有其规律性。就大量风险单位而言，风险发生的可能性可以通过概率加以测定。

4. 风险分析

涉及三个概念，如下：

（1）风险影响：它是指一旦风险发生可能对活动项目造成影响的大小。如果损失的大小不容易直接估计，可以将损失分解为更小的部分再评估它们。风险影响可以用相对数值表示，建议将损失大小折算成对计划影响的时间表示。

（2）风险概率：它用风险发生可能性的百分比表示，是一种主观判断。

（3）风险值：它是评估风险的重要参数。“风险值”=“风险概率”×“风险影响”。如某一风险概率是25%，一旦发生会导致项目计划延长4周，因而，风险值=25%×4周=1周。

定性分析：根据已有的风险管理计划，以识别出的节事活动风险、假设数据的精确度和活动的已进展状态，可以进行风险性分析。定性分析的工具和技术有风险概率和后果、假设测试、数据精确度评价等，定性分析输出结果包括节事活动项目风险综合评价、重点节事活动风险清单、需进一步分析和管理的清单、定性风险分析结果中的趋势，了解趋势可有助于进一步加强节事活动风险管理。

定量分析：定量分析一般是在定性分析之后进行，但也有识别之后直接进行的。其分析过程与定性分析基本相同，但要补充定量分析特殊需要的条件和专家判断。一般的工具和技术有面谈或专访、敏感性分析、决策树分析、模拟。定量分析的输出包括了一个量化了的、明确重要性程度排序的节事活动风险清单、项目的概率分析、达到时间和费用目标的概率，根据当前计划及面临节事活动风险的了解，可以估算项目时间、费用目标实现的概率、定量节事活动风险分析结果中的趋势。在多次的定量分析中发现某种趋势可提供重要信息、制订节事活动风险应对计划。

5. 风险的应对方法和策略

（1）回避：回避节事活动风险指改变项目计划，以排除节事活动风险会产生的条件，或者保护项目目标，使其不受影响。虽然项目班子永远不可能排除所有的节事活动风险事件，但某些具体节事活动风险则是可以回避的。出现于项目早期的某些节事活动风险事件可以通过澄清要求、取得信息、改善沟通及获取技术专长而获得解决。

（2）转嫁：转嫁节事活动指设法将节事活动风险的后果连同应对的责任转移到第三方身上。转嫁节事活动风险实际只是把节事活动风险管理责任推给另一方，而并非将其排除。它包括利用风险、履约保证书、担保书和保证书。可以利用合同将具体节事活动风险的责任转嫁给另一方。如果项目的设计是稳定的，可以用固定总价合同把节事活动风险转嫁给卖方。虽然成本报销合同把较多的节事活动风险留给了顾客或赞助人，但如果项目途中发生变化，它有助于降低成本。

（3）减轻：减轻指设法把不利的节事活动风险事件的概率或后果降至一个可接受的临界值。提前采取行动减少节事活动风险的概率或者减少其对项目所造成的影响，比在风险发生后亡羊补牢地进行补救要有效得多。减轻节事活动风险的成本应估算得当，要与节事活动风险发生的可能概率及其后果相称。

（4）预防：事先从制度、文化、决策、组织和控制上，从培育核心能力上提高组织者的防御节事活动风险的能力。诺丁山狂欢节为了保障狂欢节活动的顺利进行，主要是动用了专业的保安公司，而不是靠志愿者维持秩序，每一个乐队还都有自己的保安力量。据伦敦警方的通报，警方事先做了很多工作，提前给150名挂号人员发出警告，让他们待在家里，还抓获了16名嫌疑犯，而且警方在得到情报后，对一些流窜到狂欢节现场的帮派势力进行了阻止，开展搜查行动，保证了狂欢节活动的顺利开展。

（5）接受：采取此项措施表明项目班子已经决定不打算为处置某项节事活动风险而改变项目计划，或者表明他们无法找到任何其他应对良策。主动地接受风险可以制订一套万一发生节事活动风险时所准备实施的应变计划；被动地接受风险则不要求采取任何行动，将其留给项目班子，待节事活动风险发生时伺机处理。最常见的接受风险的应对措施为预留应急储备，或者简称储备，包括为已知的节事活动风险留出时间、资金或者资源。为所接受的节事活动风险所预留的储备取决于按可接受节事活动风险水平计算影响的大小。

（6）应变计划：应变计划应用于项目进行期间发生的已识别节事活动风险。事先制订应变计划可大大降低节事活动风险发生时采取行动的成本。如果节事活动风险的影响甚大，或者所选用的对策不见得有效时，就应制订一套后备权变计划。该计划可包括留出一笔应急款项、制订其他备用方案，或者改变项目范围。

二、节事活动风险监控

制订了风险防范计划后，风险并非不存在，在项目推进过程中还可能会增大或者衰退。因此，在项目执行过程中，需要时刻监督风险的发展与变化情况，并确定随着某些风险的消失而带来的新的风险。

1. 监控的概念

风险监控包括两个层面的工作：其一是跟踪已识别风险的发展变化情况，包括在整个项目周期内，风险产生的条件和导致后果的变化，衡量风险减缓计划需求。其二是根据风险的变化情况及时调整风险应对计划，对已发生的风险及其产生的遗留风险和新增风险及时识别、分析，并采取适当的应对措施。对于已发生过和已解决的风险也应及时从风险监控列表中调整出去。

2. 组成

不管预先计划好的策略和措施是否付诸实施，风险监控一日不可缺。如果最终发现已做出的决策是错误的，就一定要尽早承认，立即采取纠正行动。如果决策正确，但是结果不理想，这时不要惊慌，不要过早地改变正确的决策。频繁地改变主意，不仅会减少应急的后备资源，而且会大大增加活动阶段风险事件发生的可能性，加重不利后果。

控制节事活动风险主要有两个方面的意思：一是控制风险因素，减少风险的发生；二是控制风险发生的概率和降低风险损害程度。要控制节事活动发生的频率就要进行准确的预测，如对利率预测、干系人信用评估等。

3. 风险监控输出

风险监控输出包括应急计划、挽救行动、项目变更请求、发生变更单、纳入整体变更管理、节事活动风险应对计划更新、对发生和未发生的风险做记录更新、核对表更新、活动风险数据库等。

任务二　会展节事活动风险控制

一、专业知识

为了有效地对风险进行处置，就要对节事风险进行评估和分析，评价节事活动发生各种风险的可能性及其危害程度，确定危险等级等。风险控制是节事风险处置的一种方案。

由于风险存在于节事的各个阶段，所以要分阶段对节事风险进行控制。

1. 风险控制的基本概念

风险控制是节事风险处置的方案之一，是为了最大限度地降低风险事故发生率和减小损失幅度而采取的风险处置技术。

风险控制的专业知识中，节事活动的利益主体（stakeholders）是一个非常重要的理论概念。节事活动的风险由于各个相关的利益主体的利益体现不同，如果没有协调好这些利益，就很可能导致节事活动立项、策划和运转过程中出现风险，从而影响节事活动的绩效。

2. 风险控制可采取的措施

根据风险因素的特性，采取一定措施使其发生的概率降至接近于零，从而预防风险因素的产生。

（1）减少已存在的风险因素。

（2）防止已存在的风险因素释放能量。

（3）改善风险因素的空间分布，从而限制其释放能量的速度。

（4）在时间和空间上把风险因素同可能遭受损失的人、财、物隔离。

（5）改变风险因素的基本性质。

（6）加强风险部门的防护能力。

（7）做好救护受损人、物的准备。

二、工作实施

节事活动的风险控制存在于节事活动的各个阶段（见图 7-1）。

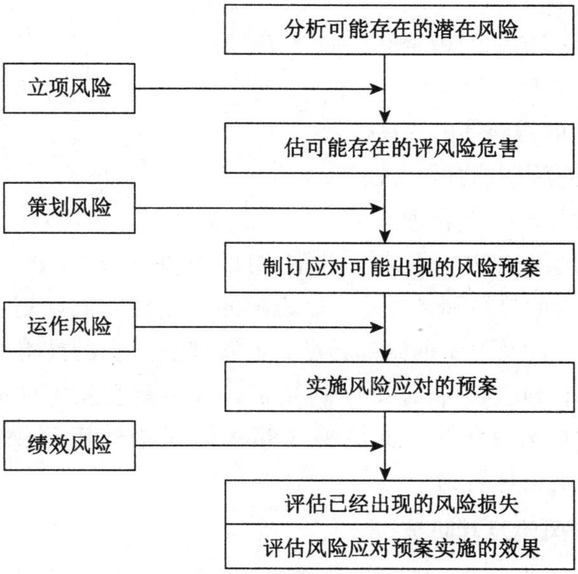

图 7-1　节事活动的风险控制流程

1. 节事活动立项风险及其防范

在节事活动立项的各个步骤中，均要考虑风险问题：

（1）明确节事活动立项的目的。

（2）确定节事活动的主要内容和预期社会经济效益。

（3）列出活动项目实施步骤及阶段目标。

（4）确定活动项目经费预算及主要用途。

（5）报请有关部门审批。

在节事活动立项过程中，存在风险的原因主要是因为没有深入调查研究，使得节事活动的主题不具有特色、活动内容缺乏吸引力，从而不能吸引游客，这将导致节事活动预期的社会效益、经济效益和绩效表现较差。

为了防范立项风险，应当对节事活动的可行性进行周详的研究和对潜在的风险做出细致的分析。分析的内容包括：

（1）对节事活动所在地区的内部因素进行分析：①资源评价；②确定目标。

（2）外部因素分析：①市场需求分析；②竞争能力分析。

（3）财务因素分析：①费用成本分析；②盈利能力分析。

具体的内容如下：

（1）活动项目是否是一个好想法？

（2）是否具有必要的技能来计划并承办活动项目？

（3）主办地区是否支持？

（4）基础设施是否足够？

（5）是否可以承担场地的租金？

（6）活动项目是否吸引观众？

（7）活动是否能取得媒体的支持？

（8）活动是否具有财政的可行性？

（9）衡量成功的标准是否合理？

对节事活动立项风险进行分析，常使用的方法是 SWOT 分析法。其中，优势（strength）包括志愿者的热情和义务感、灯光师的专业技艺或计划主题和装饰的各项产品；劣势（weakness）涉及组织的内部弱点，如管理委员会的技能和知识欠缺以及缺乏承办节事活动的技能；机会（opportunity）是指外部可能会发生的有利事务，如新的赞助商或始料未及的积极公众舆论；而威胁（threat）是指外部观察节事面临的竞争、负面的公众舆论和不佳的群体行为。

2. 节事活动策划风险及其防范

节事活动的策划要求在调查研究的基础上，进行有目的和有针对性的设计，以达到预期的活动结果。一般来说，策划要经历四个阶段：调研、讨论、提出和完善。

策划中存在的风险主要由于跳过调研阶段，直接酝酿主题思想而导致节事活动的主题缺乏针对性和活动缺乏吸引力。

防范节事活动策划风险的主要对策是进行调查研究，搞清节事活动的目的和委托方乃至活动参与者的需求。

为此，需要集思广益，充分体现和协调各个利益主体的需要。此外，还要营造良好的策划氛围，使参与策划的各方面人员更好地发挥想象力。

3. 节事活动运作风险及其防范

节事活动运作中的风险一般包括：火灾、拥挤、爆炸、犯罪、酗酒、闹事、骚乱及其他。

防范节事活动运作风险的原则是“周密计划、制订预案、专人负责、及时处理、全面善后”。

4. 节事活动绩效风险及其防范

节事活动绩效（performance）是其各方面效果的综合反映。因此，节事活动绩效风险是节事活动各个方面存在的各种风险的综合体现。从时间过程来看，节事活动的绩效是立项、策划和运作三个主要过程的表现及其效果的综合体现。因此，任何立项风险、策划风险和运作风险都有可能导致绩效风险的发生，它们也是绩效风险的基本因素。

所以，防范节事活动绩效风险的唯一方法就是识别、预防和控制各种立项风险、策划风险和运作风险。

任务三　会展节事活动风险评估

一、节事活动风险评估

风险管理是节事活动组织者面临风险时进行风险识别、风险估测、风险评价、风险控制，以减少风险负面影响的决策及行动过程。因此，风险评估是风险管理的必要组成部分，风险评估的基本内容包括分析评估的内涵、过程及其报告。

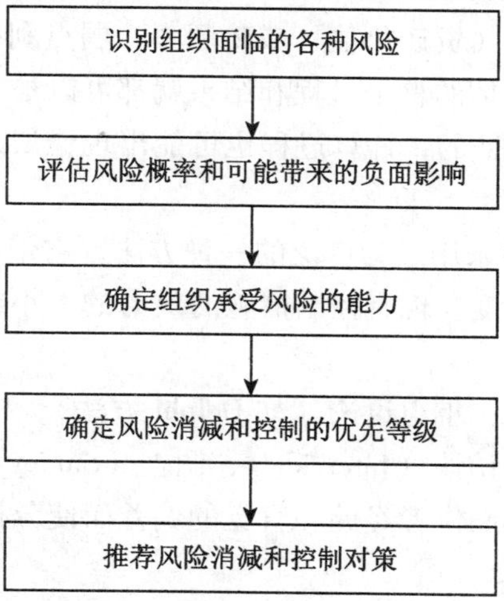

图 7-2　确定风险评估内涵流程

1. 节事风险评估的概念

节事风险评估（Risk Assessment）是对节事活动过程中面临的威胁、存在的弱点、造成影响以及三者综合作用而带来风险的可能性的评估。作为风险管理的基础，风险评估是节事活动组织确保节事活动顺利开展的一个重要途径，属于节事活动安全管理体系策划的过程。

2. 对风险承受的选择结果

对风险承受的选择结果有三个，即不可承受、可以承受、不重要。如果风险显著地影响节事活动，则是不可承受的，不管这种风险出现的概率多少都一样，这种风险就是损失比较大的；如果损失小，即使概率比较高，其出现时也是可承受的；如果概率低，就是不重要。

3. 风险评估的常用方法

在节事风险评估中，可以采用多种方法，包括基于知识（Knowledge-based）的分析方法、定性（Qualitative）分析方法和定量（Quantitative）分析方法。无论采用何种方法，共同的目标都是找出节事活动过程中面临的风险及其影响，以及目前安全水平与节事活动安全需求之间的差距。

（1）基于知识的分析方法又称作经验方法，就是通过多种途径采集相关信息，识别节事活动中的风险所在和当前的安全措施，与节事活动安全要求或最佳惯例（即类似节事活动的安全标准）进行比较，从中找出不符合要求或与惯例不符的地方，以制订安全措施，最终达到消减和控制风险的目的。运用此方法，最重要的是采集相关信息。一般地，可以通过以下途径获得所需信息：①会议讨论。②对当前的安全策略进行复查。③制作问卷，进行调查。④对相关人员进行访谈。⑤进行实地考察。

（2）定量分析是一种传统的方法，它试图从数字上对节事风险进行风险评估。定量分析方法的思路很明确即对构成风险的各个要素和潜在损失的水平赋予数值或货币金额，把度量风险的所有要素（资产价值、威胁频率、弱点利用程度、安全措施的效率和成本等）赋值之后，风险评估的整个过程和结果就都可以被量化了。由于定量分析所依据的数据的可靠性是很难保证的，计算过程也可能出现错误，目前定量分析或者纯定量分析风险的方法用得比较少了。

（3）定性分析法是目前采用最为广泛的一种方法，它带有很强的主观性，往往需要凭借分析弱点被利用的容易度、现有控制措施的效力的大小或者高低程度定性分级（如高、中、低三级）。

定性分析的操作方法有：小组讨论（如Delphi方法）、检查列表（Checklist）、问卷调查（Questionnaire）、人员访谈（Interview）、调查（Survey）等。定性分析操作起来相对容易，但可能会因为存在操作者经验和直觉的偏差而使分析结果的准确性降低。

4. 风险评估的主要任务

（1）确定保护对象（或者资产）以及保护对象的直接和间接价值。

（2）确定保护对象面临的潜在威胁，分析导致威胁的原因和威胁发生的可能性。

（3）寻找存在的可能会被威胁所利用的弱点，确定被利用的容易度。

（4）分析确定，一旦威胁事件发生，节事活动可能遭受的损失或者面临的负面影响。

为了将分析带来的损失降到最低限度，确定应该采取的安全措施。

二、工作实施

1. 节事活动风险评估过程

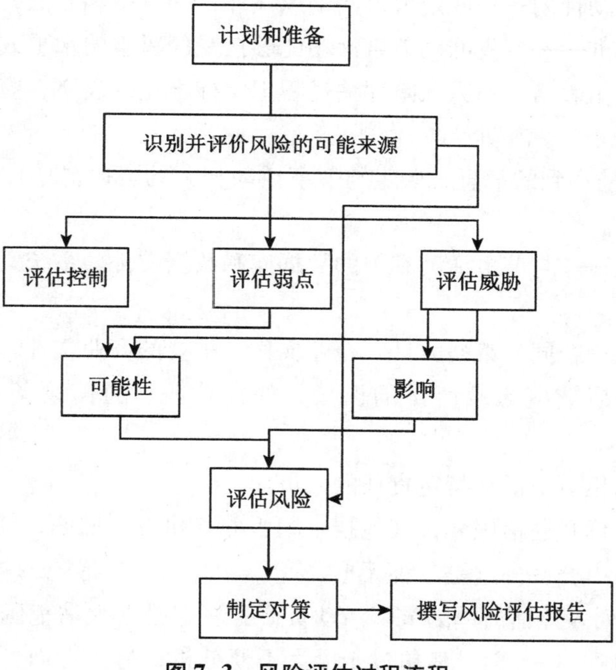

图 7-3　风险评估过程流程

（1）准备阶段

通过多种途径采集信息，包括：①专家经验（来自内部或者外部专家、专业人员公布的信息统计）。②集体讨论或小组讨论。③系统分析（包括技术性分析和业务分析）。④人员访谈。⑤调查问卷。⑥文件审核（包括政策法规、安全策略、设计文档、操作指南、审计记录等）。⑦以前的审计和评估结果。⑧对外部案例和场景的分析。⑨现场勘查。

（2）制订有效的风险评估计划

明确风险评估的目标，限定评估范围，建立相关的组织结构并委派责任，并采取有效措施来采集风险评估所需的信息和数据。节事活动风险评估计划一般包括以下内容：

- 目标——开展节事活动风险评估的目的，期望得到预期的结果，关键的约束条件（时间、成本、技术、策略、资源等）。
- 范围和边界——是指定义风险评估的物理边界和逻辑分析边界。物理边界是指评估项目的起止点，逻辑分析边界是指风险分析的广度和深度。
- 系统描述——就是对风险评估的所有对象及其相互关系进行清晰的认识。
- 角色和责任——成立一个专门的风险评估小组，小组应该包括具有安全评估经验和熟悉节事活动运作情况的成员，还应该包括节事活动各个环节的负责人和所聘请的风险评估专家。最重要的是，节事活动的组织者一定要重视风险评估，并积极参与和支持风险评估工作。
- 风险评估行动计划——确定节事活动风险评估的途径和方法，计划评估步骤。
- 风险接受标准——事先明确节事活动能够接受的风险的水平或者等级。
- 风险评估适用表格——为风险评估过程拟定标准化的表格、模板、问卷等资料。

（3）识别并评价节事活动资产

通过准备阶段采集到的信息，确定与节事活动相关的资产清单，将其纳入风险评估范围和边界。

- 数据与文档——与节事活动有关的数据库和数据文件、系统文件、培训资料、应急计划等。
- 书面文件——合同、策略方针、企业文件、重要的商业文件。
- 设备——开展节事活动所需的设备，如计算机、通信设备、演出用道具、场地等。
- 人员——承担节事活动特定责任的人员。
- 职务——计算和通信服务，其他技术型服务（供热、照明、动力等）。
- 组织形象与声誉——这是一种无形资产。

需要注意的是列入评估清单的节事活动资产，一定是在评估范围内且与节事活动过程相关的资产。否则，一方面，清单过于庞大不便分析；另一方面，分析结果也会失去准确性和本应有的意义。对已识别的资产进行赋值，确定资产的重要性或敏感度，即由于资产受损而引发的潜在影响或后果。

（4）识别并评估威胁

识别评价资产之后，识别并确认引发威胁的人或事，即确定威胁源。威胁源可能是蓄意的，也可能是偶然的因素，通常包括人员、技术、环境等类型。

- 人员威胁——包括故意破坏和无意失误。
- 技术威胁——节事活动中的技术故障。
- 环境威胁——自然灾害、社会环境等。

接着评估威胁发生的可能性，即威胁发生的频率或概率。评估时要考虑两个关键因素，一个是威胁源的动机（Motivation），包括礼仪驱使、报复心理、玩笑等；另一个是威胁源的能力（Capability）包括其技能、环境、机会等，它们是威胁发生的内因。在此基础上对节事活动风险发生的可能性进行定级（见表 7-1）。

表 7-1　节事活动风险发生的可能性定级

等级	名称	描述
A	几乎肯定	在大多数情况下都会发生
B	很可能	在大多数情况下可能发生
C	有可能	在某些时候应该会发生
D	不太可能	在某些时候可能会发生
E	很罕见	只有在例外的情况下才可能发生

（5）识别并评估弱点

可以用各种报告如事件报告、安全复查报告、系统测试及评估报告等来识别弱点。评估时要考虑弱点的严重程度（Severity）、弱点的暴露程度（Exposure）这两个因素。需要注意的是，弱点是威胁发生的直接条件，如果资产没有弱点或者弱点很轻微，威胁源就很难利用其损害资产。

（6）评估风险

- 对构成风险的要素如社会环境风险、技术风险、费用风险、进度风险、管理风险进行评估。
- 用风险可能发生的情况描述风险。
- 对风险进行等级划分。

2. 节事活动风险评估的报告

撰写节事活动风险评估报告的主要步骤（见图 7-4）包括三个：

第一步，采集风险因素信息。

根据节事活动责任主体（主办方或组织者）的评估委托，按照活动所涉及的类型、场地、观众等时间和空间之间涉及的不同风险因素的来源收集原始信息。这是设计评估指标体系和模型的基础工作。

第二步，确定风险评估指标体系、设计风险评估模型。

完整的风险评估指标体系大体分两类，一类是基本指标，主要包括各类节事活动必须评估的一般性的安全风险因素。在此基础上，国际通用的评估指标体系建立了安全风险评估模型，可根据具体的项目做相应的调整。

第三步，风险级别评定。

对节事活动风险因素的特点进行分析和发生的概率进行估计，针对各种风险源以及风险事件的特点，采取定性分析与定量分析相结合的方法，评定出节事活动的风险等

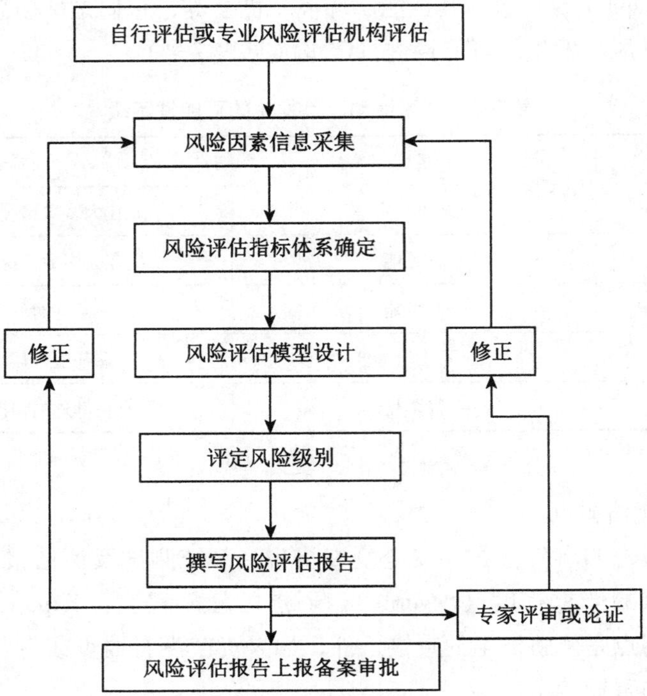

图 7-4　撰写节事活动风险评估报告流程

级。通常，节事活动按照风险程度分为 5 个等级，每个等级都有相对应的安保方案和颜色——低级（绿色）、低中级（褐色）、中级（黄色）、中高级（橙色）、高级（红色）。

任务四　会展节事活动涉及的法律问题

一、商务谈判与法律谈判

目前，大型节事活动大多采用市场化运作的模式，由企业进行投资并取得回报，目前我国仍没有明确的法律来规范这一法律关系，这使得节事活动的近一半过程更加复杂。但是，不管是企业还是政府举办的节事活动，只要政府与企业的关系、企业与企业的关系、政府与群众的关系、企业与群众的关系、政府与相关部门的关系中涉及了法律方面的问题，只要各项工作涉及了法律程序和规范性的文件，都必须依法办事，依法开展一切活动。

（一）商务谈判

商务谈判是为了获得盈利，如为了满足客户的需求而签订一份合同，就交货的时间、服务的范围、产品质量的要求、价格等达成共识。这类谈判由公司的内部人员、厂商、客户，甚至政府和法律顾问等参与。

（二）法律谈判

法律谈判通常比较正式，并且具有法律约束力。法律谈判主要就一些问题进行讨论和争辩，如就某一地区或者国家的既定法规，与主管部门进行沟通等，都是法律谈判的内容，参与对象包括政府、国家、主管部门以及管理人员。

（三）如何谈判

在谈判的开始阶段，首先要具备成功谈判者的素质。如果在某些方面不足，就要加强培养和学习，不断地提高。在设定谈判目标时，不仅要设定自己的目标，还要设定对手的目标。要全面了解和评估谈判对手，做到“知己知彼，百战不殆”。这样才能够在谈判中如鱼得水，应对自如，真正地控制整个谈判局面，达到双赢。

1. 成功的谈判者需要的核心技能

- 善于界定目标范围，而且能够灵活变通。
- 善于探索扩大选择范围的可能性。
- 充满准备的能力。
- 沟通能力，即善于倾听对方又能向对方提问。
- 分清轻重缓急的能力。
- 善于界定目标范围，并且能够灵活地变通，在谈判的过程中可以做灵活的调整和变通。

2. 如何确定谈判的目标

（1）分清重要目标和次要目标。谈判之前一定要把目标写下来，并根据优先等级来做相应的排序。要分清轻重缓急，哪个是最重要的目标，哪个是次要目标，把最终目标、实现目标和最低限度目标一一排列。另外，谈判时，是否应该留有余地，在准备时要制定一个最低限度目标。

（2）分清哪些可以让步，哪些不能让步。列出目标的优先顺序之后，还要分清哪些是可以让步的，哪些是不能让步的，必须明确，同时要简要、清楚地用一句话来描述。因为谈判是一个混乱的过程，如果写得很长、很多就需要花很多的时间去理解，比较麻烦，也容易出错，在不应该让步的地方，做出了相应的让步，而该让步的地方却没让步，会使谈判陷入僵局。

（3）设定谈判对手的需求。明确什么是自己想要的、需要的之后，接下来明确谈判对手想要和需要的内容。谈判中有很多常见的问题都会出现，包括价格、数量、质量、交货期、付款、折扣、培训、售后服务，等等。在谈判之前，先列出自己谈判的目标，一、二、三、四按优先级排列，再列一个竞争对手的目标，考虑对方可能关心的内容，把它们一一列出来。

设定目标时，作为卖方，可能最关注的首先是价格、时间，然后是能够卖多少东西，卖何种质量、档次的产品给客户。

客户买东西时，最关注的不一定是价格，也可能是售后服务、产品质量。不同的客户，不同的谈判对手，所列出的目标是有差别的，但不管怎么样，谈判对手所列出的目标，和自己所列出的目标一定是有差距的。这就需要通过双方的交流和谈判，使各自的目标趋于一致。作为卖方希望买方能够按照自己的目标来做，买方肯定也希望卖方按照他的要求来做，怎样才能达成共识呢？这需要双方沟通和交流，在沟通和交流之前，一定要设定谈判目标。

3. 谈判准备

谈判是与竞争对手或谈判对象沟通的过程。因此，对于谈判对手的评估是非常重要的，要做以下几个方面的工作：

（1）给予充分的准备时间。了解一个人，可以先了解他的生活习惯，知道他的需求，通过了解他的需求去说服他，最好知道他的弱点，让他有所畏惧。另外，还要知道对方的喜好、特点，这是我们在评估对手的时候要做的，而要做到这些必须有充分的时间。

（2）调查和了解对方公司的情况。对谈判对手的公司进行全面了解，调查其是盈利还是在亏损，是一个问题型的公司，还是一个发展型的公司，同时还要了解他们想通过谈判得到什么。

（3）了解谈判者的个人情况及谈判风格。要对谈判者的个人情况以及谈判风格做如下了解：

- 对手曾经参加过谈判吗？
- 对手内部有什么分歧？
- 对手是否取得谈判目标所需的见识和事实？
- 对手是否有能力和威信达到他们的目标？
- 来参加的人是否有做决定的能力？
- 对手在压力下是否会速战速决？
- 如果给他足够的压力，他会不会在压力下跟自己签合同等。

（4）评估对手的实力。尽可能获得谈判对手更多的资料，这些资料包括：对方的谈判参与人员，参与人员的层次、职位，以及他们退出余地有多大等。

（5）猜测对手的目标，分析对手的弱点。对手想通过谈判达到什么目标，对手的优先级是什么，在谈判之前要仔细分析。当然，猜测不一定准确，但谈判者心中要有这一概念。然后再分析谈判对手的弱点，包括他的需求弱点，谈判人的弱点，谈判队伍之间的弱点等，要对谈判对手进行全面的分析，以获得最准确的资料。

谈判是一个逐步从分歧走向一致或妥协的过程，所以要全面收集信息，整体评估谈判对手。“双赢”谈判是把谈判当作一个合作过程，能和对手像伙伴一样，共同去找到满足双方需要的方案，使费用更合理，风险更小。“双赢”谈判强调的是，通过谈判，不仅是要找到最好的方法去满足双方的需要，还要解决责任和任务的分配问题，如成本、风险和利润的分配。“双赢”谈判的结果是，你赢了，但我也没有输。

二、会展节事活动中的合同

合同，也叫契约。它是指当事人之间设立、变更、终止民事关系的协议，是指民法上的债权合同、物权合同和身份合同。狭义的合同是指平等主体的自然人、法人和其他组织之间设立、变更、终止债权关系的协议。

（一）合同的构成内容

合同的内容，从合同关系角度讲，是指合同的权利义务。合同的权利义务，除少数系由法律直接规定之外，绝大部分是由合同规定的，准确地说，是通过合同条款固定的。从这个意义上讲，合同的内容又指合同条款。合同条款因在合同中所处的地位、所起的作用、所表现的形式等不同而不同，需分别介绍和讨论。

1. 一般条款

合同的一般条款又称为普通条款，是指合同主要条款以外的条款。一般条款又分为通常条款和偶尔条款。通常条款是根据法律和交易习惯所确定的合同条款。这些条款无须双方当事人协商而自动成为合同条款，也不必写入合同中去。

2. 合同的主要条款

合同的主要条款是合同应该具备的条款，这些条款是合同的主要内容和核心，没有它合同则难以成立。因而，这些条款又称为合同的必要条款。合同的主要条款是确定双方权利义务的根据。

合同的主要条款可由当事人双方约定产生。何种合同含有何种主要条款，应视具体情况而定。不过，有些条款常常扮演着主要条款的角色。《合同法》对此做了规定——合同的主要条款中包括当事人的名称或者姓名和住所、标的、质量和数量、价款或报酬、履行期限、履行地点和方式、违约责任、解决争议的方法等。

（二）节事活动合同的类型

1. 设备合同

在活动举办前，组织者需要与某些设备商签订租赁或买卖合同，如同声翻译设备、音响设备、录像设备等，必须明确陈述双方当事人的具体责任，如设备的数量、安装、调试与使用、服务人员与方式、付款方式、可能出现的冲突等，保证双方当事人的利益。

2. 场地使用合同

活动举办方必须熟悉场地方面的条件和情况，通过签订一定的使用合同，保证场地设施设备的安全性。

3. 赞助合同

通过明确双方的责任和义务来体现双赢。

4. 比赛合同

一般由参赛的双方或多方签订，合同内容包括地点、日期、时间、报酬、转播权、赠券、故意不履行的终止条款与补偿等。而且比赛合同牵涉内容比较多，如设备租赁合同、赞助协议等。

5. 演出合同

对演出的节目和时间、地点安排、甲乙双方责任、费用承担、违约责任等做出明确描述。

6. 商品合同

对商品的交货时间、质量、数量、包装、安全使用的方式、保质期等明确责任。

7. 分包管理合同

涉及食品供应、卫生的清洁、物品的运输等方面的合同。

（三）合同范文

1. 新疆杂技团演出协议书

甲方：

乙方：新疆杂技团（以下简称乙方）

______年______期间，甲方定于______年______月______日在______举办达瓦孜表演活动，乙方特派出“高空王”阿迪力一行______人前去表演。为了明确甲乙双方的权利和义务，确保本次活动顺利进行，经双方友好平等磋商，达成如下协议：

A. 甲方责任

（1）负责本次活动的组织和实施工作，为活动提供服务和安全保卫工作。

（2）负责该项目基础设施的勘查、测算工作，所有数据必须如实提供给乙方。

（3）负责组织钢丝两端的土建工程和钢丝材料的购置等工作。

（4）负责组织钢丝的安装、架设工作，在此期间乙方将派出______名技术人员参与指导施工，施工过程中，要确保质量第一、安全第一。

（5）负责做好提前一个半月施工的准备工作，并负责在施工期间乙方的______名技术人员的食宿，在主钢丝安装完毕后，最后______天乙方再派______名技术人员前往，做钢丝架设的收尾工作。在演出前一天，阿迪力一行______人抵达演出地做表演工作，以适应环境。

（6）负责乙方______名人员的往返接送及食宿，其标准为每人每天______元。

（7）负责付给乙方出场费人民币______万元整，其中______万元在签订协议开始施工后支付，剩余部分在正式表演前一次付清。

(8) 负责为乙方“高空王”办理意外人身保险金额为______万元的保险，甲方只负责缴纳该保险金额的投保费用。

(9) 甲方有权无偿使用阿迪力本人及达瓦孜表演的照片及音像资料，用于健康的宣传活动。

(10) 负责为乙方施工人员和领导等提供工作用车。

B. 乙方责任

(1) 负责阿迪力在甲方指定的时间地点进行跨越表演一次。

(2) 负责在甲方施工中派______名技术人员做现场指导，具体到达时间为，在接到甲方通知后，到达现场。

(3) 根据工程进度需要，负责先后派______名技术人员配合架设钢丝工作，承担建设工作指导失误造成的一切责任。承担钢丝架设完毕验收后直至活动结束期间所发生问题的一切责任。

(4) 负责安排阿迪力无偿参加甲方安排的宣传推介活动。

(5) 负责架设钢丝期间技术人员因失误造成的一切责任。

C. 违约责任

(1) 甲方在施工中必须接受乙方的技术指导，未经乙方同意擅自改变设计而导致事故发生，概由甲方负责。

(2) 甲乙双方在施工过程中，必须确保施工技术人员的安全，必须将安全放在首位。

(3) 甲乙双方必须守约，造成的一切损失概由违约方负责，并追加10%的违约金。

(4) 本协议一式两份，甲乙双方各执一份，双方签字后生效。

甲方代表人（签字）：　　　　　　　　　　　　乙方代表人（签字）：

2003年　月　日

资料来源：www.xjzajituan.com

2. 文艺巡回演出合同

订立合同双方：

演出方：____________________（艺术表演团体），以下简称甲方；

受演方：____________________，以下简称乙方。

为了促进艺术交流，繁荣社会主义文艺，满足人民文化生活的需要，同时努力增加收入，减轻国家的财政负担，甲乙双方根据以上精神，经协商一致，签订本合同，共同信守。

第一条　演出剧目和主要演员____________________________。

第二条　演出时间和场次自____年____月____日起至____年____月____日止，由____至____演出，计____天，演出____场。

第三条　乙方应该为甲方提供剧场现有设备__________及联系好宿舍（住宿费由__________承担），并给予一定装台时间，负责组织观众，做好宣传工作。

第四条　票价______元/张。

第五条　分账方法：每天所售出票款，扣除公提费用外，甲方得____%，乙方得____%。

第六条　公提费用、旅运费（是指演职人员的旅费和演出用品的运费）和宣传费（包括报纸、广告、海报以及其他双方协商同意的宣传品）。

第七条　甲方应事先将上演计划及有关宣传资料于演出____日前寄给乙方。

第八条　甲方在____演出，应接受当地文化主管部门的安排和领导，办理有关演出手续。

第九条　在演出期间，双方均应注意防止发生意外事故。要注意节约水电、爱护公物，如果甲乙双方损坏对方的设备或演出物品时应照价赔偿。

第十条　违约责任

（1）一方由于无故违约使对方遭受损失，应赔偿对方的实际损失，并偿付违约金____元。

（2）一方因不可抗力的原因，不能履行合同时，应尽快用电话、电报、电传通知对方，双方均应设法补救。如仍无法履行合同，可协商延缓或撤销合同。

（3）一方接受出国、接待外国贵宾或中央指定特殊的政治任务时，应由接受任务一方同主办单位在一个月前通知对方，对方应积极设法安排补救，如实在无法补救者，应由主办单位根据对方实际损失进行赔偿。

甲方：____________________（签字盖章）

联系人姓名：____________________

谈判代表：____________________

通信地址：____________________

电话：____________________

乙方：____________________（签字盖章）

联系人姓名：____________________

谈判代表：____________________

通信地址：____________________

电话：____________________

____年____月____日

（资料来源：常年法律顾问网，http：//www. plconsul. com）

三、规章制度的制定

（一）北京大型社会活动安全管理条例

第一章　总则

第一条　为了加强大型社会活动安全管理，维护首都社会秩序、公共安全和社会稳定，保护国家、集体财产和公民生命、财产安全，促进经济和社会协调发展，根据本市实际情况，制定本条例。

第二条　本条例适用于在本市行政区域内举办大型社会活动的安全管理。安全生产、消防、集会、游行、示威以及其他法律、法规另有规定的，从其规定。前款所称大型社会活动（以下简称大型活动），是指主办者租用、借用或者以其他形式临时占用场所、场地，面向社会公众举办的文艺演出、体育比赛、展览展销、招聘会、庙会、灯会、游园会等群体性活动。

第三条　大型活动的安全工作，坚持安全第一、预防为主的方针，按照谁主办，谁负责的原则，由主办者对安全工作全面负责。

第四条　本市对单场次参加人数1000以上的大型活动实行安全许可。

第五条　本市各级人民政府应当加强对大型活动安全工作的领导，督促政府有关部门依法履行大型活动安全工作的监督管理职责，及时协调、解决大型活动安全管理中的重大问题。本市公安机关是大型活动安全许可的实施机关，对大型活动的安全工作实施监督管理。

本市安全生产、公安消防、公共交通、质量技术监督、商务、文化、体育、教育、旅游、园林等政府有关部门，按照有关法律、法规的规定和市人民政府确定的职责，对大会的安全工作实施监督管理。

第六条　市和区、县人民政府及其有关部门应当采取多种形式，加强与大型活动安全有关的法律、法规和安全知识的宣传，增强有关单位、个人以及社会公众的安全意识和安全防范能力。

第二章　安全职责（略）

第三章　安全许可（略）

第四章　安全规范（略）

第五章　法律责任（略）

（二）大型活动审批制度

办事程序：需要申请的集会、游行、示威，其负责人必须在举行日期的5日前向公安机关递交书面申请，公安机关接到其申请书后，应当在申请举行日期的2日前将许可或不许可的决定书面通知其负责人。其他大型活动应在活动开展的20日前书面申请至公安机关，公安机关接到书面申请后的20日内做出许可或不予许可的决定。

申报材料：

（1）主办单位申请报告；

（2）主管部门的批准文件；

（3）法人资格、场地出租的证明材料；

（4）内容与形式、参与人数；

（5）实施方案、负责人及有关证明材料；

（6）现场平面图或线路图；

（7）房屋安全鉴定报告；

（8）建筑部门安全鉴定报告及施工单位的资质证书；

（9）供电部门出具的用电安全报告；

（10）公安部门安全保卫方案；

（11）消防安全检查意见书、消防安全责任书、灭火和紧急疏散预案。

承诺审批期限：一般大型活动为20个工作日，集会、游行、示威在申请举行日期的2日前。

收费标准：不收费。

办件类型：承诺件。

联系电话：×××××××。

四、其他法律问题

（一）《营业性演出许可证》的申领

《营业性演出许可证》的申领

一、办事依据

国务院令第229号《营业性演出管理条例》，文化部令第25号《营业性演出管理条例实施细则》《浙江省文化市场管理条例》等法律法规规章。

二、申领范围

（1）设立营业性文艺表演团体；

（2）设立营业性演出场所（含举办营业性演出的歌舞娱乐场所、宾馆、饭店、餐饮场所等）。

说明：设立演出公司和演出经纪公司的，按国家规定的审批权限应向省地级文化行政部门申请。

三、申领条件

1. 设立营业性文艺表演团体的条件

（1）有单位名称、组织机构和章程，并有确定的文艺表演门类；

（2）有5名以上具有表演技能的演职人员，并经过县级以上文化行政部门业务考试或者考核合格取得个人《演出证》；

（3）有固定的地址和与演出需要相适应的器材设备；

（4）注册资本10万元以上。

2. 设立营业性演出场所的条件

（1）有单位的名称、组织机构和章程；

（2）有适合演出的建筑物和售票窗口，必要的器材设备和与之相适应的专业管理人员；

（3）安全设施、卫生条件符合国家规定标准；

（4）注册资本10万元以上。

四、申领程序

（1）申请。申请单位持申请报告，经所在地乡镇政府（文化市场管理小组）签署同意设立的意见后报送我局；或到所在地工商部门办理企业注册网上并联审批手续。

（2）受理。我局依照有关规定，在5个工作日内做出许可或不许可的决定，许可的发给《受理通知》，不许可的做出说面说明。

（3）申报。同意受理的单位应填写申请表一式三份，经单位主管部门或当地乡镇府（文化市场管理小组）签署意见，连同符合申领条件的有关材料报送我局。

（4）审核。我局根据有关规定，在60日内完成设立材料审核和现场勘察。

（5）发证。审核合格的演出单位或演出场所，发给《营业性演出许可证》，取得《营业性演出许可证》后，应持证到公安、卫生、工商等部门申领相关证照，取得《工商营业执照》和《消防安全合格证》并报我局备案后，方可从事营业性演出活动。

五、年度审验

《营业性演出许可证》实行年度检验制度，持证单位应按照我局规定的时间提交年检报告。经对其上年经营行为审查后，确认是否具备继续经营的资格，具备的加贴年检标志。未办理年检从事经营的，视作无证经营；年检审验不合格的，我局将注销其有关许可证。

杭州市余杭区文化体育局

（资料来源：余杭文体信息网。）

（二）商标与标志的使用

为商业目的使用奥林匹克标志，应获得权利人许可，是广告业界的法律基本常识。由于不同的标志其权利人并不相同，具体应当向哪一个权利人获得许可和使用过程中应当注意的问题，必须要清楚。我们可以参考下列案例。

1. 案件的背景情况

某广告公司接受某旅游公司的委托为其策划一次宣传活动。该活动由100名人力三轮车师傅身着“文化衫”脚蹬人力三轮，20人一组持续一周每日沿该城市主要的街道骑行，三轮车师傅身着的“文化衫”上印“Beijing2008”和第29届奥林匹克运动会标志以及“××旅游公司与奥运同行”的字样。本次活动被工商行政管理机关认定为商业目的使用而受到处罚。

事后，广告公司和旅游公司均表示已经意识到这次活动需要获得有关权利人的许可，但是，应当向谁申请，能否获得许可，即便获得了许可，应当如何使用等具体环节却不甚清楚。

2. 奥林匹克标志、权利人及许可合同

应当说当事人事后的陈述具有一定的代表性。在很多情况下，行为人并不是不愿意向权利人获得许可，而是所掌握的信息不全面或者相关的途径不够畅通所致。所以，让广告界熟练把握奥林匹克标志与权利人的对应关系，显得很有必要。

（1）使用哪些标志应当向国际奥林匹克委员会获得许可。

首先，如果使用国际奥林匹克委员会的奥林匹克五环图案标志、奥林匹克旗、奥林匹克格言、奥林匹克徽记、奥林匹克会歌等，应当获得国际奥林匹克委员会的许可。其次奥林匹克、奥林匹亚、奥林匹克运动会及其简称等专有名称，在获得许可订立许可使用合同时，既可以与国际奥林匹克委员会签订，也可以与国际奥林匹克委员会授权或者批准的机构签订。但是值得注意的是，如果使用中国奥林匹克委员会的名称、徽记、标志，其许可人不再是国际奥林匹克委员会，而应当与中国奥林匹克委员会订立合同。

（2）“第29届奥组委”有权许可他人使用标志。

在2008年12月31日前，使用北京2008年奥林匹克运动会申办委员会的名称、徽记、标志的，或者使用第29届奥林匹克运动会组织委员会的名称、徽记，第29届奥林匹克运动会的吉祥物、会歌、口号，“北京 2008”、第 29 届奥林匹克运动会及其简称等标志的，以及《奥林匹克宪章》和《第 29 届奥林匹克运动会主办城市合同》中规定的其他与第 29 届奥林匹克运动会有关的标志，都应当同第 29 届奥林匹克运动会组织委员会订立合同。

（3）奥林匹克标志使用合同的主要内容。

国家工商行政管理总局于 2002 年 4 月 22 日颁布并于 2002 年 6 月 1 日实施了《奥林匹克标志备案及管理办法》。该办法第 7 条明确规定，奥林匹克标志使用许可合同应当包括许可使用的奥林匹克标志以及其备案号、许可使用的商品或服务范围、许可使用的地域范围以及许可使用的期限，等等。

3. 使用奥林匹克标志还应当注意的其他事项

使用奥林匹克标志，除了要获得不同权利人的许可，按照相关的规定与其签订使用许可合同之外，还应当注意使用行为的规范性。

（1）使用许可合同应当备案并规范地使用备案号。

《奥林匹克标志备案及管理办法》规定，奥林匹克标志权利人应当自签订使用许可合同之日起一个月内，将使用许可合同副本报商标局备案。经许可使用奥林匹克标志的，应当在使用时标明许可备案号。对于违反这一规定的，由县级以上工商行政管理机关责令限期改正；对于逾期不改的，处以一万元以下的罚款。

（2）使用行为还要遵守其他法律和行政法规的规定。

奥林匹克标志除了依照《奥林匹克标志保护条例》的规定进行保护之外，还可以按照《中华人民共和国著作权法》《中华人民共和国商标法》《中华人民共和国专利法》和《特殊标志管理条例》等法律、行政法规的规定获得保护。上述规定显得很复杂，但是只要使用之前按照规定向权利人获得了许可，这个问题也就相对简单了许多，而希望通过“绕”和“规避”的形式实现商业使用目的，其难度就可想而知了。

（3）侵犯奥林匹克标志专有权的赔偿数额。

侵犯奥林匹克标志专有权的赔偿数额，按照权利人因被侵权所受到的损失或者侵权人获得利益确定，包括为制止侵权行为所支付的合理开支；被侵权人的损失或者侵权人获得的利益难以确定的，参照奥林匹克标志许可使用费用合理确定。但是，销售不知道是侵犯奥林匹克标志专有权的商品，能够证明该商品是自己合法取得并说明提供者的，不承担赔偿责任。（资料来源：www. sctrademark. com，四川商标网。）

项目八

会展节事活动的评估

导读职业能力目标

掌握会展节事活动评估概念与内容；了解会展节事活动项目评估的必要性；知晓会展节事活动项目评估的程序；掌握会展节事活动评估的报告撰写要求及应用。

任务导入

如何知晓会展节事活动效果如何？

任务一　会展节事活动评估概述

一、评估的概念和类型

节事活动评估是整个节事活动管理的重要环节，节事活动进行的效果如何，可以通过活动中的评估来说明。

（一）概念

节事活动评估是针对某个具体节事活动，从活动目的、安排、实施、运作等情况的综合研究，对服务、直接或间接效益、作用和影响所进行的系统的、客观的分析和评价，判断该活动是否成功，总结经验教训，为活动的主办者与承办者提供借鉴，并通过及时有效的信息反馈，为观众、赞助商、供应商等提供参考。

（二）类型

1. **事前评估**

事前评估，即活动前评估，有时候也称作活动项目评估。这种评估通常发生在活动的研究和策划阶段，评估的目的是确定举办该活动可能需要的资源量大小和继续这一活动的可能性，得出是否可以立项的结论。它是在活动项目可行性研究基础之上，站在活动项目的起点，根据国家有关的方针政策、法律法规，对活动从经济角度、社会角度和环境角度进行评估，对拟开展的活动的市场进行调研，对参加人数、大致费用和效益进行研究，预测成功的可能性和未来的发展前景，从而对活动投资的可行性做出判断。这些研究结果是活动的目标，是衡量活动是否成功的基准。

2. **活动跟踪评估**

有时又称作“中间评估”或“实施过程评估”。就是在活动的不同执行阶段对活动的进展进行的跟踪和控制。这种评估的通常目的是检验活动营销、形象、时间等策划的质量；或评估在实施过程中的重大变更及其对活动效益的作用和影响；或针对活动中的重大困难和问题寻求对策及出路。如对预算的控制评估，就可以节省实际开支，减少花费，降低成本，提高整个活动的收益；对时间的控制评估，可以保证活动进度按照计划实施，如期完成活动任务。

3. **活动后评估**

这是评估最常用的形式。指对已经完成的活动项目的目的、执行过程、效益、作用和影响所进行的系统的、客观的分析；通过定性和定量相结合的总结，评价活动项目的策划、筹备、实施、收尾和运作的情况，衡量和分析活动的实际情况与预测情况的差距，确定有关预测的判断是否正确，找出成败原因，总结经验教训，通过及时有效的反馈，提高管理和服务水平，同时兼顾回顾总结和前景预测，为今后改进项目的策划、管理和监督等工作创造条件。事后评估包括项目实施效果评估和项目影响评估两种。前者就是平常所说的活动后评估，一般指在项目结束后2~5年内所进行的评价，检查确定活动达到理想效果的程度，为新活动项目的宏观导向、政策和管理反馈信息。后者是以评价报告为基础，通过调查活动状况，分析发展趋势及对社会、经济和环境的影响，为决策提供切实可行的对策和措施。

二、评估的意义

（一）评估是整个节事活动管理的重要组成部分

活动评估是通过对活动策划到实施的运作管理实际结果与活动项目前期的计划与预测进行比较，衡量主要的目标指标效益如何，找出实际与计划和预测的偏离程度及其产生的原因，总结经验教训，对存在的问题加以改进；而作为活动的利益相关者，包括政府、机构、企业和个人，他们也希望能有权了解活动运行的实际情况，所以把评估结果作为总结报告中的重要组成部分反馈给他们，是节事活动管理的一个必不可少的环节，它提供该活动是否可以继续举办的可行性论证和如何改进完善的建设性科学措施，为更好地发挥活动的综合效益服务。

（二）评估对规范节事活动行业管理有着重要的推动作用

节事活动产业虽然是个新兴领域，但其发展势头迅猛，在国际上方兴未艾的发展促使活动业市场与管理亟待规范。从国外较为成熟的节事活动产业发展历程来看，基于一定发展基础，通过评估规范市场行为，并优化组合有限的资源是促使活动发展成功的有效手段。既要遵守国际活动举办的惯例和市场的规则，又要结合各地实际情况，对活动的质量和主办主体的资质进行市场化、动态化的评估和认证，对活动管理逐步从审批制过渡到标准的登记制，加强政府宏观调控，尽快制定并完善有关的法律法规，使活动能够有“法”可依，有“章”可循，完善节事活动经济的“游戏规则”。在展览业的从业人员中，熟悉展览业务、了解国际惯例、富有操作经验的专业人员十分匮乏，这已成为制约我国会展业发展的“瓶颈”。

另外，会展理论的研究落后于会展业发展的实践，不利于会展业的规范和长远发展。

（三）评估是促使节事活动市场化的重要举措

在市场经济条件下，通过评估判断节事活动举办的收益，用市场的眼光来看待活动的策划与管理。引进市场化的竞争机制和公平合理的评估体系，可以避免很多问题。一是可以避免市场无序，缺少整合力度。在很多地方多头管理、重复办“节”的现象普遍存在，对活动主办者的资质尚没有专门机构负责考核和审查，重复办“节”造成活动管理水平低，使有限的资源难以实现优化配置。政府出面办“节”办“赛”的情况非常多，无人认真评估活动举行的可行性。二是服务质量不高。多数活动主办单位服务意识淡薄，只有极少数活动设立了相关的服务机构、法律咨询机构等，大多数情况下，观众在参加活动时遇到的一些问题难以解决，对活动后的情况也无从了解。三是缺乏国际品牌的节事活动，诸多活动规模小、质量低，缺乏明确定位，尚处于杂、乱、滥的状态。

（四）评估为新活动项目的运作提供了可借鉴的依据

新活动项目从策划到管理不但需要理论上的支持，而且已有的操作实践为其提供了经验教训，避免走弯路，使得新活动的质量越来越高，管理水平也越来越高。

三、评估的目的

（1）通过活动项目的实践进行总结与评估，检查活动的预期目标是否达到，策划与管理是否有效，以提高活动组织者的能力和水平。

（2）通过调查和分析有效的反馈信息，确定观众是否满意，活动的主要效益指标是否达到，以增强活动项目利益相关者的投资信心。

（3）通过对活动项目的目的、实施过程、效益、作用和影响进行的全面系统的分析，从正反两方面总结各种经验和教训，找出成败原因，为下届活动或新活动项目的策划和管理提供决策和管理依据。

（4）通过评估为编写活动的总结报告提供数据、依据和翔实资料，作为重要信息反馈给利益相关者，提高活动的形象，为塑造品牌节事活动提供支持。

四、特点

活动评估的结果需要反馈到决策部门，作为调整规划和下一轮决策的依据，所以需要评估具有以下特点：

（一）公正性

公正性应贯穿活动项目评价的全过程。活动的管理者和活动项目经理及团队成员所做的自我评价只是对个人工作得失的总结，不能代表整个节事活动的评价，即使是项目组的总结报告也应该遵守公正、客观的原则。一般来说，活动成员不应自己评价自己，评价方应从第三者的角度出发，独立地发现问题、分析原因和避免结论的不客观性。

（二）可信性

评价的过程和结果应该基于资料信息的可靠性和评价方法与标准的客观性，活动的实施者和管理者应提供翔实可信的信息，评价过程也应该是程序化的，这样评价的结果才能如实地反映活动的成功与失败。

（三）可操作性

评价结果一定要具有实用性的特点，能满足多方面的要求，重点突出，建议中有能对决策部门产生作用的具体措施。

（四）透明性

活动是公众参与性很强的项目，从可信度来说，越透明越能获得公众的信赖。从另外一个角度来说，增加透明度可以提高公众对活动的实施和管理的关注，进而达到社会监督的目的，树立良好的公众形象。

五、评估的参与者

（一）聘请的评估机构

为了保证评估的客观性和科学性，由专门的评价机构对活动的效益等进行评估，从第三方的角度论证，避免偏颇。评估机构往往由资深的专家组成，凭借丰富的阅历和广泛的知识对活动进行专业的评价。

（二）观众

观众是活动评价的重要调查对象，包括现实的观众和潜在的观众。通过问卷等方式对现实的观众调查亲身感受等，对潜在观众调查获知渠道等原始资料，为细分市场和制订营销方案提供依据。

（三）活动项目组及其成员

活动项目组及其成员参加了整个活动的全过程，亲身经历了从策划到管理，对活动的工作最有发言权，他们的自我工作总结本身就是评估的重要组成部分。

（四）赞助商

从赞助商实施赞助的出发点来看，他们是为了提高产品的知名度，改善企业形象，增加产品的销售量。他们随时对活动进行监控，目的是关注公司产品的销售效果与活动的实施影响是否一致，有无达到预期的赞助目标。

六、评估的时机

活动项目评估是项目后续管理中的重要组成部分，不能在节事活动已经结束后的若干年内才开展，没有时效性的评估对决策的意义不大。所以，评估的时机应该选择在活动闭幕后的短期内及时进行。有些综合性的节事活动由若干个活动组成，前后持续时间较长，这时就要分阶段、分活动进行。

任务二　会展节事活动评估内容

从活动项目评价的作用看，就是把活动实施的结果与前期策划和当初决策时的目标进行比较，检查活动的过程，评价其财务效益、经济效益，总结经验教训，以便迅速、有效地应用到新的决策活动中去。

一、基本内容

活动评价，包括对节事活动的策划评价、工作评价和效果评价，一般分为以下内容：

（一）节事活动策划评价

对节事活动的策划方案进行评估，评估内容包括：

1. **策划方案评价**

包括节事活动的举办时间、地点、规模、主承办机构组成、活动定位、活动价格、人员分工、活动的品牌形象策划、市场营销策划等，找出它们的优缺点，作为举办机构的备案资料保存，以备下次使用，保证今后筹办类似活动越来越顺利。

2. **目标评价**

评价节事活动立项时，原先计划中预定的目的和目标的实现程度，是节事活动评价所需要完成的主要任务之一。一般来说，节事活动的目标在立项时就确定了，其评价指标包括宏观指标和直接目的，宏观指标即对地区或国家经济、社会发展的总体影响和作用，直接目的即向社会提供某种产品或服务，指标一般是量化的。节事活动评估首先要对照原定目标的主要指标，检查活动结束以后的实现情况，确定实际变化之处及分析变化产生的原因，判断目标的实现程度。另外，要在实践中检验原定决策目标的正确性、合理性，通过评价找出原定目标的问题，如不明确的目标、过于理想化的目标及不切实际的目标，为下次活动目标的修订提供经验和依据。

（二）节事活动工作评价

节事活动的筹备和实施工作的内容比较广泛，涉及时间进度情况、推广宣传情况、现场服务情况、财务实施情况等，对照立项或可行性研究报告的原定情况进行比较和分析，找出差距，分析原因。节事活动工作评价一般包括以下几个方面：

（1）筹备工作评价。包括节事活动工作的统筹、准备、协调及各项筹备工作的安排和调整等。

（2）服务代理工作评价。对通过公开招标的服务商、代理商、指定赞助商、旅游代理商、清洁公司、保安公司等的工作进行评价。

（3）宣传推广工作评价。内容包括媒体宣传与公关、推广进度安排、宣传渠道的建立、宣传资料的印制与发放、宣传效果、新闻媒体的反应（刊载、播放的次数、版面大小、时间长短）等。

（4）组织结构与人员评价。对构建的组织结构形式、人员组成、工作态度、团队精神、预期效果等进行评价，评价工作人员组合安排是否合理、效率是否高、工作时间是否适中等。

（5）现场管理工作评价。包括场地选择、舞台音响、后勤管理、物流配送、清洁保安、志愿者管理、现场工作人员管理、突发事件应急措施和各环节的服务及对这些服务的质量、提供方式等进行评估。

（6）时间管理评价。包括对节事活动的招商、宣传推广服务及整体时间进度安排等进行评价。

（7）服务管理工作评价。包括筹备管理的质量和效率，接待服务的各环节质量、培训、后续工作等。

（8）财务实施评价。包括对节事活动的预算制定与执行情况，成本、费用支出时间安排，收益、收款情况，超支原因及其他财务管理问题进行评价。

（三）效益与影响

1. 效益评价

节事活动的效益评价即财务评价和经济评价，主要的分析指标为内部的收益率、净现值和贷款偿还期等盈利能力和偿还能力，包括成本效益评估、成本利润评估等。

2. 影响评价

节事活动的影响评价内容包括经济影响、环境影响和社会影响，具体有以下几个方面。

（1）经济影响评价。它主要分析评价节事活动对所在地区、所属行业和国家所产生的经济方面的影响，评价的内容包括分配、就业、换汇成本、技术进步等。由于经济影响评价的部分因素难以量化，一般只能做定性分析，或并入社会影响评价范围。

（2）环境影响评价。一般包括节事活动的地区环境质量、自然资源利用和保护、区城生态平衡和环境管理等几个方面。

（3）社会影响评价。节事活动的社会影响评价是对节事活动在社会经济发展方面的有形或无形的效益和结果的一种分析，重点评价节事活动对举办国、举办地和社区的政治、文化、经济、生活的影响。

节事活动的持续性评价也是节事活动影响评价的一个组成部分，它指节事活动的既定目标是否还能持续，是否可以持续地举办下去，是否具有可重复性，即是否可在未来以同样的方式建设同类活动。起影响作用的因素一般包括：本国政府的政策、管理，组织和地方的参与，财务因素，社会文化因素，环境和生态因素，外部因素等。

二、具体内容

澳大利亚的约翰尼·艾伦在《大型活动项目管理》一书中给出了对大型活动项目进行评估的内容列表（见表8-1）。

表 8-1　大型活动评估内容列表

评估内容	满意度	需引起注意	评论
活动的时间选择			
会议地点			
票务和入场			
筹备			
性能标准			
工作人员和职务表现			
人群控制			
安全			
通信			
信息和信号			
运输			
停车			
饮食设施			
旅馆			
小孩失踪			
感谢自助者			
集会安排			
广告			
宣传			
媒体联络			

（一）日程安排及内容

1. 活动的主题

（1）活动的主题是否具有现实意义？

（2）活动的宣传促销是否明确了活动的主题？

（3）参与者是否对活动的主题感兴趣？

2. 日程安排

（1）日程安排是否有助于活动目标的实现？在程度上有多大帮助？

（2）日程安排是否紧密围绕活动的主题？

（3）各个组成部分先后顺序是否恰当？是否很好地衔接？

（4）日程安排过短还是过于冗长？

3. 主持人

（1）主持人的气质、风格、形象是否与活动相得益彰？

（2）主持人的发言内容是否符合主题？是否对观众有吸引力？

（3）主持人表达是否清晰流畅，反应是否机敏睿智？

（二）活动场所实施与改变

1. 活动场所的音响效果

（1）活动场所的音响是否适中悦耳？

（2）主持人及表演者的讲话是否听得清楚？

（3）音响设备是否出现故障？

2. 活动场所的舞台效果

（1）活动场所的舞台设计是否符合主题？

（2）活动场所的灯光设计是否及时、到位？

（3）活动场所的特技表演是否有助于将活动推向高潮？

3. 活动场所的温度、湿度、照明度

（1）活动场所的温度高低如何？

（2）活动场所的湿度高低如何

（3）活动场所的照明度是否足够？

（4）人体感觉舒适度如何？

4. 活动场所的环境情况

（1）活动场所的隔音效果如何？

（2）活动场所是否受到外部噪声的干扰？

（3）活动场所是否对外部环境有干扰？

（三）宣传促销与融资

1. 广告宣传的力度

（1）广告投入的数量。

（2）广告投入的金额。

2. 宣传促销的成效

（1）宣传促销的方式好不好？

（2）宣传促销的效率高不高？

（3）预售票的销售情况如何？

（4）现场购票的观众数量多吗？

3. 融资情况

（1）活动能为赞助者带来利益与收益吗？

（2）是否有不适合的公司成为了赞助者？

（3）政府的拨款都能及时到位吗？

（4）贷款能否顺利地进行？

（四）活动的组织与服务

1. 组织能力

（1）承办者的组织协调能力强吗？承办者处理突发事件的能力怎样？

（2）承办者能保证活动顺利地开展吗？

2. 接待服务

（1）活动的住宿、餐饮及其服务质量如何？

（2）活动接待工作人员的态度好不好？效率高不高？

（3）活动场所指引标志是否醒目、美观？观众是否很顺利地找到活动场所及座位？

（4）活动场所饮用水、饮料等其他服务质量如何？

（5）活动的交通服务质量如何？

（五）活动收益

1. 活动服务商的利益

（1）交通服务商的利益。

（2）饮食服务商的利益。

（3）住宿服务商的利益。

（4）其他服务商的利益。

2. 活动承办方的收益

（1）门票收入。

（2）赞助收入。

（3）广告收入。

（4）捐款。

（六）举办地的情况

1. 举办地的环境质量

（1）公共交通是否便捷、及时？

（2）商业设施是否齐全、方便？

（3）绿化、美观程度如何？

2. 举办地居民的态度

（1）当地居民对外地（国）人是否欢迎？

（2）当地居民对外地（国）人欢迎程度如何？

3. 举办地的旅游吸引物

（1）举办地是否有知名的旅游吸引物？吸引力如何？

（2）举办地特产有哪些？是否已开发成旅游纪念品？

4. 举办地的形象

（1）举办地的形象与宣传的形象是否相符？

（2）活动对举办地的形象有何影响？

（七）其他内容

1. 节事活动的历史和影响

（1）该活动已举办过几届（年）？

（2）该活动的知名度如何？

2. 节事活动的规模

（1）举办场地的规模。

（2）观众的数量。

3. 观众的满意度

（1）所有观众的满意度。

（2）客人的满意度。

（3）对活动的总体印象如何。

任务三　会展节事活动评估的方法和流程

节事活动的评估是一个收集有关节事活动目标实现情况的信息的过程，它关系到节事活动组织者的管理水平是否能够不断提高的重大方面，所以科学的评估方法和严谨的评估过程是决定评价结果是否客观、系统、准确的最重要因素。在评估方法上往往采用定性和定量相结合的形式，而在评估过程中也要遵循科学发展观和实事求是的态度，从制订评估计划到实施都围绕节事活动的目标而展开。

一、评估的方法

节事活动的评估方法应采取宏观分析和微观分析相结合、定量分析和定性分析相结合的方法，通过综合分析，总结经验和教训，提出问题和建议。目前，通常采用的节事活动评价方法主要有以下几种。

（一）调查法

调查法是节事活动评估最常用的有效方法，它既可用来获得定量的数据，也可用来获得定性的描述。由于节事活动期间游客的流动性大，逗留的时间短，一般不可能深入地了解他们。调查法就是对那些不可能深入地了解的问题通过调查、访问、谈话、问卷等方法搜集有关资料，了解利益相关者的心理和行为的一种方法。调查法主要有以下几种形式：

1. 问卷调查

问卷调查是调研工作中最常用的工具，就是为了调查节事活动的成败与影响而专门设计印刷有涉及评价内容的各方面问题的表格。首先要根据不同的调查对象设计不同内容的表格，调查主题明确，所有问题都与主题有关，把要了解的项目以简洁明确的语言列出，既要考虑到被调查者的填写方便，也要照顾到调查者的时间和精力。一般采用封闭型与开放型题型相结合的形式，有如下类型：

（1）是非选择：要求被调查者对问卷中的问题进行“是”“非”选择。

例如：您喜欢中国成都国际美食节开幕式的狂欢活动吗？

是(　　)　　　　否(　　)

（2）不定项选择：在三个或更多选项中，由被调查者从中自由选择一个或几个选项。

例如：您知道上海世博会是在(　　)年举办的。

A. 2008　　　B. 2009　　　C. 2010　　　D. 2012

又如：请选择您所知道的服装节名称(　　)，其中您认为最著名的是(　　)。

A. 北京时装节　　B. 上海服装节　　C. 宁波服装节　　D. 大连服装节

E. 香港时装节

（3）顺序排列：给可供选择的各种项目排序。

例如：以下为2005年上海旅游节的主要活动，你喜欢的顺序依次是：(　　)。

①花车巡游暨评比大奖赛　②开幕式大狂欢　③浦江彩船大巡游　④上海旅游纪念品、消费品博览会　⑤2005上海“红色之旅”旅游纪念品设计大赛　⑥上海旅游节旅游形象大使评选（决赛）　⑦上海国际音乐烟花节　⑧超级多媒体梦幻剧“ERA—时空之旅”　⑨小主人生日游　⑩“空中芭蕾”航空跳伞表演。

（4）尺度选择：设置“很好”“好”“一般”到“差”等不同程度的量度等级作为选项。

例如：您认为本次活动的现场服务质量。

极为出色(　　)　很出色(　　)　比较出色(　　)　一般(　　)　差(　　)

（5）自由回答法：这是开放式问题中重要的一种，虽然可获得的信息多种多样，但往往回答者不愿意投入这么多的时间或表达有困难，因此要尽量避免，即使采用，问题也不宜太多。

例如：请问您认为本次活动的哪些服务还可以改进？

答：____________________。

（6）回忆法：一般用于测量服务项目、节事活动名称及形象的印象强度，通过测定被调查者记忆的强度来推测活动产生的印象强度。

例如：请您写出最著名的三个旅游节名称。

答：____________________。

（7）词汇联想法：指列出一些词汇，每次提出一个，由被调查者写出其想到的第一个词汇，这些答案往往就是地方的标志性活动。

例如：当您见到下列词汇时，脑海中出现的第一个词是什么

风筝节：____________________。

时装周：____________________。

高交会：____________________。

（8）语句完成法：写出一些不完整的语句，每次两个，请被调查者完成该语句的内容。

例如：当我去参加上海国际电影节，我首先想去____________________。

2. 谈话调查

直接和节事活动的利益相关者交谈了解所需要的信息，这种方法包括面谈和电视调查两种。运用谈话法时首先要明确谈话的目的，保持谈话内容的主题方向，谈话后及时整理谈话记录，找出要点进行分析。

（1）面谈。访问者可以提出较多的问题，以补充个人观察的不足，交谈可以相互启发，获取的资料往往比较真实可靠。在整个谈话过程中要保持一种轻松、和谐的气氛，并随时观察被调查者，随机应变。面谈的形式可以是有组织的座谈、专访，也可以是随机的采访，征求他们对活动的意见和评价。这种方法只能对活动进行定性分析。

（2）电话调查。可以在短时间内调查多数对象，而且成本低，获得资料方便迅速，但由于时间限制，很难询问比较复杂的问题。可以征求他们对活动的意见，并做出评价。这种方法也只能对活动进行定性分析评估。

（3）现场观察与采访。在节事活动的举办现场和各个活动过程中派人对节事活动进行观察，并观察观众和活动参加者的反应，以旁观的形式代替对调研对象的询问，避免了与被调查者的直接互动关系，往往可以获得更加客观的调查结果。现场采访也是一种获得第一手资料和信息的较好的形式，既可以提出正式的问题，也可以是开放型的采访。不过，现场采访需要经验丰富的采访者，问题的主题性强而且被采访者愿意配合。

（二）分析法

对比分析法是节事活动评价的基本方法，它是在调研完成以后，在分析调查结果的基础上，将节事活动实施前的目标与结束后的实际情况加以对比，测定该活动的效益和影响。通过对比分析，分清对地区的这种影响中活动的作用和活动以外的作用，评价活动的增量效益和社会机会成本，与活动举办完后的实际情况相比较，从中找出存在的差别和原因。

（三）总结述职会

节事活动结束后，要求每个工作人员对自己在节事活动的整个过程中所做的工作做出述职报告，不论是提交的书面材料还是口头汇报的总结情况，都是活动评价的内容。

二、评估过程

节事活动评估过程指从制订评估计划到评估结束的全部过程中顺序安排的工作步骤。一般而言，节事活动评估的原理与其他营销方式评估的原理是一致的，即按照一定的标准，执行制订的计划，比较有关数据或信息，分析其中的原因、规律和问题，然后通过计算或判断得出评估结果。

（一）制订节事活动评估的计划

在详细制订活动评估的计划之前，首先要确定评估的机构是由活动的举办单位还是由独立的第三方进行，这需要从实际情况出发来决策。在节事活动评估计划的制订中，还要选择资料来源、收集的方法、选择评估的调研工具、决定抽样计划、建立评估组织并选择评估人员、编制评估的预算、确定时间进度等。在计划中一般要考虑以下几个方面的内容。

1. 评估内容

在任务二中已经给出了通常需要进行评估的主要内容，但还应根据具体的节事活动决定最后的评估内容。

2. 收集的对象和资料

根据确定下来所需要评估的内容来确定需要收集哪些数据和资料。其中，数据是指可以量化的部分，而资料是指需要做出主观判断的部分。

3. 建立评估组织并选择评估人员

每次评估往往需要多名评估人员协调工作，因此建立适当的调研组织十分重要。选择及培训评估人员应遵循以下标准：评估人员对评估目标十分了解；评估人员应具有使被访问者对问题产生兴趣并愿意以实相告的能力；评估人员具有丰富的评估知识与经验；善于与同事沟通评估过程中的各种情况。

4. 评估的方法

评估的方法在本节的开始已经讨论过了，通常可以采用层次分析法和德尔菲法相结合，定性和定量相结合的方法。

5. 评估报告的形式

最终的评估报告形式有描述性的和数据性的两种。描述性的报告是定性的总结，只有大致的结论；而数据性的报告可以通过表格或图来反映结果。而最终的评估报告形式采用哪一种，要看具体的对象和受众的要求。一般来说评估报告是书面的，但也可以采用较少见的非正式的口头分析。

（二）收集信息

对于大多数节事活动评估而言，收集信息通常是耗时最长、花费最大而且最容易出差错的过程。在这一阶段中，评估人员按既定的时间、方法针对既定的对象进行实地调查或远程调查，收集相关资料。收集信息的主要形式包括收集第二手资料、安排记录、召集会议、发放调查表、现场采访等，大部分方式是介于定性和定量内容之间的。定性的方法适于深入地了解及发现问题，可以用于宣传工作、舞美设计等评估内容；定量的方法适于广泛地收集数据，可以用于成本效益等评估内容。

对于节事活动的信息，其收集方法因收集的内容而确定。对于节事活动的举办次数、场地面积大小等这些数据在节事活动正式开始之前即可获得，对于活动的赞助商、承包商、服务商的收益可以在活动结束之后从相关单位处获得，至于观众的数量和情况，可以通过设计包含年龄、性别、出身、消费模式等信息的登记表和具体情况来定。售票的活动可以根据经验和售票情况来估算；而非售票活动，可以采用有关公共运输和停车位的数据以及警力人员的估计数字。

（三）分析数据

在所有的数据收集完成之后，就可以按照事先确定下来的方法进行数据的处理与分析。这有三部分的工作，即统计、比较、分析，是将所收集到的数据和情况统计整理成系统的、有用的评估材料，根据评估标准进行比较，并分析其中的原因、规律和问题。统计工作主要是整理收集到的数据的情况，计算出总数和比例。收集到的信息只是评估材料，任何一个独立的数据和情况并不能说明问题，不具备评估价值。只有经过整理计算出的数据和情况，才能作为评估材料并具有评估价值。统计工作主要以数字为对象，要注意其准确性。接下来是对照评估原定的目标比较统计结果，判断活动是否达到既定目标，活动的举办是否成功，组织工作的效率高低、活动的收益大小如何等，注意客观性，减少偏差。做分析工作时，要客观全面地考虑，在统计、比较的基础上，综合分析活动的组织管理工作和活动效果，找出数据和情况之间的内在关系、原因和问题。分析工作要较多地使用思辨能力，要善于通过数字看出问题，发现规律和原因。

分析数据要及时进行，评估才具有时效性，否则就失去了相应的价值。这一过程尤其要注重质量，否则评估就失去了意义。

（四）评估结果

评估结果的表达形式之一就是标准和数字排列，即按所制订的计划排列评估内容和结果。这种形式适合表现定量的评估内容以及量化的定性评估内容，包括活动的基本情况、工作质量等。表现形式之二是对比，按所制订的计划排列评估内容，同时排列预定目标和实际情况，可以通过一系列反映情况、说明问题的数字、比例和陈述表来表示。

只要评估工作组织得好，做到位，在活动闭幕后就可以比较准确地判断活动是否基本成功，并总结出经验教训来。

任务四　活动的收尾与工作的总结

节事活动的举办作为一个项目的运作过程，其最大的特点就是有始有终。当节事活动的所有工作均已基本完成，活动管理者就需要做好活动的完成、收尾工作。活动收尾与工作总结是活动管理中的最后一个环节，随着工作的完成，有些项目成员可能会松懈下来，导致活动后期的收尾工作无人过问，结果使本来可以改进和提高的机会转瞬即逝。

一、项目收尾

当节事活动的现场工作结束以后，团队班子应当做好活动的收尾工作。不做必要的收尾工作，活动各当事人和利益相关者就不能终止他们为完成本活动所承担的义务和责任，也不能及时从本活动获取应得的权益。

活动接近尾声时，班子的注意力往往转移到新的任务上，有些成员也要调离。而收尾工作常常是零碎、烦琐、费时、费力的，容易被人忽略。因此，活动收尾的重要性应当特别强调，否则会给活动的进一步开展带来后患。

（一）合同收尾

合同收尾指活动接近尾声时，了结合同并结清账目，包括解决所有尚未了结的事项。合同没有全部履行而提前终止是一种特殊的合同收尾。

1. 依据和前提

合同文件至少应包括合同本身及所有有关的表格和清单、经过批准的合同变更、由分包商、承包商、赞助商提出的技术文件和进度报告、单据和付款记录等财务文件以及所有与合同有关的检查结果。合同收尾需要对整个采购过程进行系统的审查，找出进行本活动项目其他产品或本组织内其他活动项目采购时值得借鉴的成功之处和需要总结的失败之处。

2. 可交付成果

一套经过整理，编上号码的完整合同记录，连同活动记录一起存档。应当向分包商、承包商、赞助商等发出本合同已经履行完毕的正式书面通知。

（二）行政收尾

活动在举行后或因故中止时，必须做好行政收尾工作。收尾工作就是编造、收集和散发有关信息、资料和文件，正式宣布活动或活动阶段的结束。

1. 依据和前提

行政收尾包括所有为了记录和分析活动进展而编写的文件，如活动实施和控制状况主要步骤的规划文件。对活动项目产品进行说明的文件，如图纸、技术要求说明书、技术文件、电脑文件等也必须在收尾工作期间准备好，以便有关人员随时查阅。

行政收尾包括将项目结果形成文件，供委托人或顾客对活动产品进行正式验收。它包括搜集活动记录、确定这些记录所反映的最后技术指标、分析活动的成功与有效之处和应吸取的教训，以及把这些资料存档以备后用。其实，活动的每个阶段都有行政收尾工作，各项活动不能拖延到活动项目完全完成之后再进行。恰当的收尾可以保证不丢失重要与有用的资料，而且人员库、数据库也应更新，以反映员工所掌握的新技能以及熟练程度的提高。

（1）绩效量度文字记载。所有记录与分析活动项目绩效的文字记载，包括确定绩效量度构架的规划文件，均应在行政收尾过程中准备就绪，以备审查；

（2）产品文字记载。用来描述活动项目的文件（计划、规格、技术文件、图纸、电子文档等所用术语因应用领域而异）也应在行政收尾期间准备就绪，以备审查；

（3）其他项目记录。

2. 可交付成果

活动临近结束时，行政收尾需交付一套编了号的完整活动记录。包括经过更新的所有同本活动项目有关的数据库，保留反映项目最后真实情况的数据资料。行政收尾时还要考虑总结评价，应当明确活动项目和活动项目管理的成败所在，研究本活动用过的哪些方法和技术值得推广，并考虑如何继续研究因受本活动的启迪而提出的各种方法和技术。

（1）项目档案。一套完整的、编有目录或索引的项目记录应由有关方面整理就绪，准备存档。任何与本活动有关的历史数据均应刷新。当活动项目按合同进行时，或者涉及大宗采购时，应特别注意将财务记录归档。

（2）项目收尾。确认活动的全部要求，如活动项目结果和可交付成果，以及交付成果组织的要求。例如，工作人员评价、预算报告、吸取的教训等。

二、文档归类

包括文档数据包、文档更新、文档工具、文档语言与技术质量、指导文档与术语表的一致性、在线帮助文档（在线文档格式转换、编译和测试）、印刷手册和图形、翻译记忆库等。

三、活动总结

每个活动项目，不论其是否成功，都应该被当作学习的好机会，恰当地进行总结将给活动管理者、团队成员和组织带来很多收益。但是，我们往往发现，在做活动项目总结时不是所有的成员都明白总结的目的以及内容，这样的总结自然不会有满意的效果。

（一）活动总结的目的

项目总结至少应包括以下目的：

1. 确定项目的有效性

确定本项目中什么是行之有效的，其原因是什么？

总结不是歌功颂德，但一定要包括成功经验、与以往相比采用的特别的方法或工具，以便积累知识和经验。

2. 防止重复错误

几乎所有活动过程都存在一些可改进或应纠正的问题或错误，通过事后总结，分析问题及其原因，作为改进流程的依据或作为反面教材以防止错误再次发生。

3. 激励活动项目团队成员

人们希望知道自己干得如何，尤其是当项目投入了大量人力、物力时。活动总结应该在活动启动时就加以规定，包括活动评价的标准、所采取的方式以及参加人员（如部门经理或舞台总监等），而内容应包括个人的绩效评价。这样，成功者会把活动项目总结作为建立个人形象的机会，同样，失败的经历也将被记录下来进行研究。只要这种评价是公正的，活动项目总结将激励人们积极努力工作。

4. 作为活动项目实践的证据

有时，客户如赞助商或组织者在选择活动的项目代理方或承包方时，可能需要出示相关活动项目成功事件的记录，这时活动项目总结报告将成为重要证据。

（二）总结内容

那么，项目总结应包含哪些详细内容呢？主要有以下几个方面：

1. 项目时间

实际进度与计划进度相比，结果如何？其间有哪些变化？对工作量的估计如何？活动组织者要建立并完善有关的数据库，项目总结应提供相应数据，以提高下次计划的准确性。

2. 项目成本

活动项目成本中有很大一部分是人工费，对于未建立项目级别核算的组织，可以用加权人天数来表示（对不同级别的人员赋予相应的权重）。

3. 项目质量

指活动项目的最终成效与取得的成果与最初需求的符合度。有没有达到最初的目标，在社会上的影响力如何？参与者的满意度如何？现场管理的秩序如何？交通管制是否到位？

4. 人员管理以及沟通交流

活动组织成员绩效表现如何，活动管理和实施过程中的内外部沟通交流是否充分，对活动的影响如何？

5. 项目特点

与以往活动项目比较，本活动有何特别的地方？如特殊的需求、特殊的环境、资源供应等，总之是具有挑战性的事件，以及关键的解决方案和实施过程。

6. 经验与教训

列出从这项活动工作中所得到的最主要的经验与教训及对今后的活动管理工作的建议。

（三）节事总结报告的提纲

（1）节事主办、承办、协办及支持单位。
（2）节事的境外合作伙伴。
（3）出席相关活动的领导及国际知名人士。
（4）专家学者。
（5）节事的内容和实际规模。
（6）节事效果及存在的问题。
（7）依托或建立的国际合作与交流渠道。
（8）其他有必要报告的内容。

任务五　影响研究

随着全球范围经济发展进程的加快，人们越来越重视“活动”的发展，同时它也从诸多行业中独立出来，成为一个新兴的行业，在国民经济中担当着越来越重要的角色。它不仅使人们的业余生活丰富多彩，而且在经济、社会和环境方面对一个国家、地区或城市产生重大影响。节事活动尤其是大型节事活动的影响研究作为旅游影响研究中一个重要的组成部分刚刚起步，在经济影响、物质环境影响、社会文化影响等方面逐渐得到人们的普遍关注，并逐步成为一个热点研究课题。

一、节事活动与举办地经济发展和环境影响研究

节事活动已成为拉动经济发展的要素之一。在现实经济生活中，通过举办节事活动把不同形式的消费统一到一个过程中来，把单点的活动变成群体的规模消费，使个人可支配收入更多地流入国民经济的循环体系中来，促进社会产品实现由生产到价值的飞

跃，加快了从供给到需求的转化过程，进而达到拉动社会总需求的作用。不仅如此，节事活动还对环境和生态产生着重大影响。

（一）经济影响研究

1. 经济影响的制约因素

节事活动的发展，需要依靠社会在服务设施和基础设施等各方面投入大量财力、物力、人力，尤其是大型活动，社会经济水平不高的地区或国家是没有能力承担如此巨大的社会投资的。即使勉强承办，也达不到预定的社会效益目的，参与民众寥寥无几，结果只有表面和形式上的繁荣。

节事活动的举办地社会经济的制约因素有：当地区域经济发展水平；当地区域经济基础的规模；主要基础设施和接待设施的种类；这些设施对参与者的吸引力；参与者在当地花费的金额；当地对参与者需求多样化的满足能力；参与者在当地的支出参加当地经济循环的程度。

2. 给举办地带来的正面效益

节事活动与举办地社会发展相结合而对当地经济产生如下促进作用：提高当地知名度；产生财政收入；创造就业机会；提高生活水平；改善经济结构；带动相关行业发展；增加政府税收；鼓励企业的商业活动；增加了新的信息传播渠道和能力。

3. 给举办地带来的负面效益

节事活动对当地经济发展的促进作用是相对的，有一定的局限性，甚至会导致如下的负面效应。

因在短期内涌入大量外来游客而诱发物价上涨，物价上涨造成服务诸行业的产品成本增加，影响市场竞争力；过分依赖活动影响旅游结构的稳定，进而影响国民经济；还有值得注意的是社会额外支出增加，出现大量基础建设投资不合理的问题。由于举办城市基建改造等重大工程需要数额巨大的超常规的资金，并且投入时间集中，一般超过当地政府常规的财政预算，造成资金挪用和过度投入等问题。还很容易出现重复建设以及设施过剩，造成大型活动结束后，花费大力气建造的设施闲置。

（二）环境影响研究

节事活动的开展在导致环境发生变化方面，既有其积极的影响，如吸引大量旅游者和投资者前来，在客观上可以起到改善目的地物质环境的作用；也有其消极的影响，不仅会影响环境的美感质量，而且会使人口密度增大，交通堵塞，加重当地的噪声污染，造成历史古迹破坏等。

1. 积极影响

改善通信、道路、交通运输服务等基础设施；重视当地的环境卫生状况，增强环保意识；保护、维持博物馆、剧院和其他文化设施及活动；增加休闲娱乐以及相关设施；

保护、修缮历史建筑和古迹遗址。

举办地的环境既包括当地的自然环境，也包括该地的社会生活环境。这些环境不仅是吸引游客来访的重要决定因素，也影响来访者对活动的满意程度。尤其以上谈到的各项影响是否对当地环境构成积极影响，最终要取决于当地社会的认同才行。

2. 消极影响

过分拥挤；当地的水、空气质量下降；噪声、废弃物等污染；交通拥堵；文化艺术品的损坏；生态环境的破坏。

二、节事活动与举办地社会与文化改变影响研究

（一）社会影响研究

1. 社会心理素质变化

由于节事活动的迅猛发展，影响了当地居民的风俗习惯、日常活动、社会生活、信念和价值观，城市节事活动举办中非受益人群（从理论上说，所有的居民都是受益者，但诸多非直接、非直观受益者会认为自己是非受益者）会感到生活受损，这种强烈的变化是造成社会心理变化的主要因素。外来旅游者的作为会刺激当地居民的自尊心，激发他们的自豪感，并强化当地精神。国外更多的研究表明那些对节事旅游高度依赖的居民对节事旅游持坚决支持态度。

2. 城市形象的影响

戴光全在《重大事件对城市发展及城市旅游的影响研究》中以 1999 年昆明世界园艺博览会为例，从物质影响到精神影响两个角度对其城市基础设施和塑造城市形象两个方面的影响进行了分析，得出 1999 年世博会在强化昆明市硬环境条件和软环境条件两个方面都起到了良好的促进作用，世博会和世博园都对昆明和云南的形象产生了明显的促进效果，也是目前全国各个城市对此类事件活动有很高积极性的基本动因所在。正如迈克尔·霍尔指出的那样：重大活动在城市形象战略中的作用与西方社会中存在的地方政治与财政危机是分不开的。重大活动本是一种机制，它能够使城市“商品化”，起到吸引投资、增加白领就业和游客数量的作用。它也能塑造出“健康发展”的城市形象，从而引导居民表达对城市的一致认可。但他同时指出一个值得进一步研究的问题：重大活动对城市基础设施建设和城市形象塑造方面的影响，应该如何转化为城市政府策划、规划活动的对策，这是申办、筹办和举办此类事件活动应当引起重视的问题。

同时，他还分析研究了世博会结束后世博园的客源来源和世博会的形象感召力没有直接的相关关系，得出了世博会认知与世博园形象分离的结论，仅仅依靠世博会带来的形象效应，世博园的可持续发展是不可能实现的。

他还指出世博园未来的客源市场受世博会影响的程度将降低，世博园今后的发展不

能更多地受益于世博会。还有很多问题有待进一步讨论，如对于海外游客来说，昆明世博会有没有明显的形象效应？有的话，其具体表现如何？从塑造主办国和主办城市不同层次的形象这一目的出发，重大事件在不同区域尺度上的形象效应有没有区别？能否提出相应的概念模型进行分析？此外，重大事件活动形象影响研究不仅需要了解重大事件活动（世博会）本身的形象影响问题，也需要研究重大活动遗存（世博园）的形象变化问题。昆明世博会只是一个一次性的重大事件活动，其本身的形象特点是什么？深层次的机制如何？与重复举办的节事活动相比较，一次性的事件活动的形象塑造也有所不同，二者的区别在哪里？

3. 政治影响

（1）正面的影响

提高主办地的国际声望；推广主办地的价值观；增强社会凝聚力，如我国2000年申办2008年北京奥运会和2003年申办2010年上海世博会两项特大型国际盛事成功，令国民欣喜若狂，极大地振奋了民族精神，增强了民族自豪感，促进了社会各方面力量的有机整合；提高了规划和行政管理等方面的技能。

（2）负面影响①

面临活动失败的风险；为满足政治精英野心而剥削当地居民；社区所有权和控制权丧失；管理成本增加；官员腐败等现象滋生；强制推行没有被广泛接受的决策。

（二）文化影响研究

1. 积极的影响

保护当地独特的文化特征；强化传统文化及地方价值观；增进参与者和当地居民之间的跨文化交流，使他们得以对相互的文化有所了解（一般情况下，后者对前者的影响力更强）；引入外来的新意识和理念；扩大文化视野；提高当地居民对活动的参与水平与分享体验。

2. 对文化的负面影响

大型节事活动作为一种旅游形式，对当地文化的发展与演变也同样会产生负面影响。如活动的某些意识和生活方式介入当地社会中，引起当地居民的思想变化，失真的高消费行为对当地社会的影响而产生不良的示范效应。受示范效应影响最大的是年轻人，他们很快学会外来者带来的时尚，参与居民在享受精神生活的同时对物质生活也提出了高要求，并千方百计地去争取享受，尤其是追求西方生活方式，这给当地的社会、经济以及家庭结构都带来影响；活动的参与者和外来观众与当地居民的交流必然会引起语言文字的逐渐改变，弱化方言，旅游者虽然以能学会几句方言而自豪，但改变更多的是当地居民和接待人员，他们为了接待来访者，学习外语以减少交流障碍；国内研究表

---

① 杜学，厉新建. 大型活动的组织与管理［M］. 北京：旅游教育出版社，2003.

明，旅游业的发展引起了旅游地工艺美术风格和形式上的变化，也改变了这些工艺美术品原来的意义，一些原来富有宗教和礼仪意义的工艺品现在变成了纯粹的商品，从而对传统工艺品产生影响；目前大多数表演活动都是为旅游者设计安排的，那些传统的节日以及风俗习惯在许多旅游地经过预先策划以娱乐的形式被介绍给旅游者，从而失去了其原有的意义。为了满足旅游者在当地逗留时间短的需求，传统习俗的商业化、庸俗化，由居民表演的扭曲的本土文化现象，并非发展中国家的专利，发达国家的旅游胜地也不乏类似的文化商品化现象。众多案例表明，文化形式经过修饰后为旅游服务，就失去了其传统的意义。

还有一些不利的因素，如对社会和家庭价值观的挑战、新的垄断组织的出现和一味迎合旅游者需求的文化活动过于频繁、对旅游地居民健康产生的影响等。

三、节事活动与举办地旅游发展影响研究

（一）节事活动与旅游的关系[①]

1. 形成独特的节事活动旅游吸引物

奥运会旅游吸引物可以分为两种类型：资源依托型和资源脱离型。这里的资源是指奥运会主办地的旅游资源（如自然、文化、历史、城市环境等资源）。资源脱离型奥运会旅游吸引物是奥运会本身特有的基本内容和活动，即根据国际奥委会相关规定必须具备的内容和举行的活动，它不以主办地的具体情况为转移，是奥运会的共性要素，如各项体育比赛、各种常规性仪式等。资源依托型奥运会旅游吸引物是建立在主办地旅游资源基础之上的相关吸引物，这是奥运会旅游吸引物的特性所在，因为每个主办地均可以基于自身旅游资源创造出独特性的奥运会旅游吸引物，如文化艺术活动、商务活动和会展、奥林匹克公园集会或游行等，这是因地而异的奥运会旅游吸引物。

2. 促使举办地成为旅游目的地

由此可见，明确将旅游发展作为目标利益的是悉尼奥运会、汉城奥运会的形象战略以及巴塞罗那奥运会和雅典奥运会的城市“再造”战略也是同旅游直接相关的。洛杉矶奥运会的重心放在奥运会本身上，亚特兰大奥运会主要是吸引商务活动，旅游的色彩并不浓厚。奥运会的主办国或主办城市是否将旅游作为目标利益并不重要，因为事实上主办地旅游目的地形象总是得到了改善和提升。

奥运会相关旅游者可分为奥运会专门旅游者和奥运会引致旅游者两大类。奥运会专门旅游者是单纯以奥运会本身为体验对象的旅游者，这种旅游者比较稳定，基本上不受特定奥运会和特定主办地的具体条件所影响，如奥林匹克大家庭成员、国际奥委会官

---

① 付磊．奥运会旅游的国际比较和启示［EB/OL］中国网，2002-11-19.

员、参加国运动员、媒体代表、现场观众和体验奥运会氛围的观光游客等。同时奥运会还给主办地带来追加性的形象塑造和信息宣传效应，从而为主办地“引致”更多的旅游者。这些旅游者通过奥运会获得对主办地旅游资源和可进入性等方面更丰富、更详细的信息，从而决定到奥运会主办地旅游，这部分旅游者是奥运会引致旅游者，与专门的奥运会旅游者相比，引致旅游者具有更大的弹性，是奥运会相关组织者应该主动争取的目标旅游者。

3. 产生旅游“吸力”的同时伴生“推力”

为了履行主办城市的承诺和义务，迎接大量奥运会参与者和旅游者，主办地必须从数量和质量上增加和改进住宿接待设施和商务活动设施，这提升了主办地旅游的供给能力，而且奥运会主办城市往往借助奥运会加大城市基础设施投入，促进城市更新，这种举措直接提升了城市旅游的内部可进入性和外部可进入性。城市无论是申办还是举办奥运会均会吸引世界的注意力，奥运会主办地往往是媒体报道的焦点，而奥运会的成功是对主办地综合能力的最好证明，这一切无疑会对主办地的旅游形象产生巨大的促进作用。这些都可能从积极的方面对旅游者产生“拉力”，吸引潜在的旅游者到奥运会主办地旅游。当然，奥运会对旅游者还存在“排斥力”，集中体现为奥运会对旅游活动的“挤出效应”，“挤出”参加与奥运会无关的会议、展览等活动的公务、商务旅行者；“挤出”由于举办奥运会而放弃到访主办地的普通旅游者；“挤出”主办地的居民外出旅游以逃避奥运会。“挤出效应”的主要原因是人们认为奥运会的举办将干扰正常的活动和物价水平，以及当地居民讨厌或希望免受奥运会活动以及奥运会所带来的大量入境旅游者的干扰。奥运会对旅游活动的“挤出效应”在往届奥运会中基本都有体现，当然强度有所不同，其中最为明显的是1984年洛杉矶奥运会。

4. 节事活动对旅游的长期影响

马聪玲曾经对2002年世界杯对韩国旅游的长期影响进行过研究，她指出尽管在2002年5月31日至6月30日举办的2002韩日世界杯大型赛事并没有在短期内为韩国带来预期的收益，但是世界杯作为超大型赛事对旅游目的地的吸引力系统、形象系统、支持系统的影响是综合的和深远的。

（1）对旅游目的地形象的影响。

①目的地知名度的提高：韩国作为旅游目的地，知名度的提高主要是通过媒体对世界杯的报道和通过韩国旅游机构的专门海外促销团、说明会、举办“韩国之夜”活动以及通过媒体播放韩国旅游广告等形式。仅在广告方面，电视商业机构制作了4档不同风格的节目以适应5大区的要求——日本、中国、东南亚、欧洲、美洲。通过美国CNN有线电视新闻网、中国香港星空卫视以及欧洲的媒体等播放7000多次广告。2002年世界杯足球赛组委会从5月2日起开始播放2002年世界杯电视广告，播放时间为一个月。世界杯广告片分为60秒和30秒两部，内容包括世界杯体育场画面、方便的住宿、交通信息、价格低廉的观光资源和入场券购票信息。印刷品广告由361家报纸杂志分发3110

次。最具代表性的旅游信息提供者是 KNTO 的网站，以 7 种语言——韩语、英语、日语、汉语、法语、西班牙语、俄语——提供全方位信息。

②目的地美誉度的提高：韩国作为旅游目的地也获得了很多赞誉。据首尔和韩国盖洛普公司共同进行的一项调查显示，88.3%的外国游客对 2002 韩日世界杯旅游表示满意。这项问卷调查是以 402 名外国游客为对象进行的（其中包括日本游客 99 人、美国加拿大游客 93 人、中国游客 85 人、法国游客 36 人等）。结果表明，72.4%的被调查者认为本届世界杯是成功的，他们对世界杯期间的交通、观众的态度和赛场内的设施等给予了高度评价。

③目的地形象的丰富：除了在海外宣传韩国旅游之外，韩国还围绕世界杯举办了大量的节庆活动，这些活动弘扬了韩国传统和流行文化，树立了韩国丰富的目的地形象。

（2）对目的地吸引力系统的影响。

①传统旅游产品的开发：为了方便旅游者在韩国观看世界杯赛的间隙进行旅游，韩国新开发了 297 条旅游线路，其中有 100 条主要是在 10 个世界杯赛举办地。

②体育相关的旅游产品开发：早在世界杯之前，韩国政府就拨款进行休闲和体育旅游资源的开发，1999 年到 2002 年间就对 22 个休闲和体育旅游项目拨款 61.15 亿韩元，其中 2002 年针对 7 个项目拨款 22 亿韩元。世界杯赛后，韩国又通过对体育场馆、标志性建筑、吉祥物等世界杯相关项目的旅游开发利用，增加了目的地的吸引力。据统计，汉城奥运纪念馆的周末日均参观人次从世界杯前的 1000 多人次增加到 2000 多人次，参观者总数也超过了 7 万人次。

③旅游商品的开发：由 1998 年大赛以来的民间工艺品扩大到民间工艺品、日用品、加工食品、通信产品等类别。10 个世界杯的举办地制作了 481 种旅游商品。此外，韩国旅行社 Kolong TNS 开发了 85 项带有世界杯徽标的产品。

（3）对目的地旅游支持系统的影响。

①促进了旅游服务水平的提高：以中国为例，韩国实行可以多次往返的门票签证，海关新增了专门针对中国人的通道，配备懂中文的志愿者，并在所有标志上加注中文；在中国游客停留时间较长的首尔、光州和西归浦还专门开设了为中国人服务的商场、饭馆；首尔招募了 950 名中文翻译为中国游客和球迷服务，解决语言障碍；政府还负责培训了总计 2904 名临时旅游讲解员，分布于旅游信息中心、皇宫、博物馆等地。

②信息化水平的提高：韩国于 1998 年开始在各地建立综合性的旅游信息中心。2002 年 5 月韩国共有 16 个信息中心开始营业，并在国际新闻中心设立旅游信息亭为国外的记者提供信息。在世界杯期间，首尔还开通一条“求助热线”，专门为中国旅游者和球迷在遇到困难和紧急情况时提供帮助。

③世界杯对旅游基础设施的影响：以住宿设施为例，世界杯期间的住宿设施分为专供旅游者的旅游宾馆和临时开辟的住所，主要包括旅游宾馆（星级宾馆）、研修院、民宅、露营地、帐篷村、宿舍、青年旅舍，等等。其中露营地等现在已经成为韩国人外出

旅游的歇脚点。这些住宿设施的开发建设，既扩大了当地的接待能力，又促进了旅游住宿设施的多元化发展。

此外，世界杯也存在其他方面的影响，如世界杯在某种程度上还促进了韩国同中国旅游业的合作。在塑造城市形象方面，节事活动对主办城市具有很强的助推作用，并能迅速提升城市的知名度。

（二）节事活动对当地旅游发展的影响研究

1. 旅游规模

戴光全在通过分析1999年世博会当年及其后昆明市旅游业的规模指标的变化，说明了世博会在短期内使得其规模得以超常规的发展，世博会结束后则随即出现萎缩趋势，此后才缓慢回升。事实上，这是后事件效应的基本表现。他还提出昆明世博会对微观个体（旅游企业）的影响程度在区域尺度上存在空间扩展规律，即区域尺度越小，则世博会的实利影响扩展越大、而虚名效应越小；区域尺度越大，则知名度和形象的虚名效应扩展越大、而实利影响越小。

奥运会年的旅游者到达主办国。入境旅游者数量变化表现出一定的差异性。西班牙和原苏联在奥运会举办当年的入境旅游者数量没有明显的变化。韩国和美国有所增长，但是美国在洛杉矶奥运会后的2年中经历了入境旅游者数量的下降，意味着发生了转换效应，即由于奥运会的举办，入境旅游者的时间或目的地安排有所变化。

奥运会前后年份的旅游者到达主办国。例如，亚特兰大官方宣称，1996年奥运会的旅游效益在会前3~4年就开始显现。韩国接待的入境旅游者在奥运会年（1984年）增长率为6.3%，会后两年的增长率分别为16.4%和13.5%。但是从入境旅游者数量上体现出的奥运会对主办国旅游的长期影响非常有限，其中美国在洛杉矶奥运会后还出现了明显的转换效应。

主办城市的国际旅游者数量。在奥运会主办城市层面，国际旅游者数量的变化也存在相当的差异性。亚特兰大在1996年经历了国际旅游者的增长，但从图形上只是原来增长趋势的延续。首尔在1988年奥运会前、中、后期也同样延续了长期的增长趋势。巴塞罗那在1992年奥运会举办年出现了游客数量的下降，但是从奥运会结束1年后开始，入境旅游者数量增长幅度非常大，根据有关统计，这种比较强劲的增长一直持续到1997年。而洛杉矶则在1984年奥运会的会前、会中和会后的一段时期内出现了旅游者数量的下降。

对奥运会主办地（包括主办城市及其所在国）入境旅游变化情况的比较中可以看出，奥运会的入境旅游效应不是一个规律性的东西，因为影响因素是多方面的。奥运会的入境旅游效应显现出明显的差异性，奥运会对入境旅游的无形效应主要体现在目的地的形象塑造和改善作用，这是其他节事所不能比拟的。例如，1964年东京奥运会和1972年慕尼黑奥运会，主办城市所在国日本和联邦德国均利用奥运会扭转其第二次世界大战中遗留的不良形象，收到了积极的效果；1988 年奥运会为韩国提高其在国际市场的形象（特别是在美国的形象），改变朝鲜战争遗留影响以及政治分立等负面影响提供了历史机遇；悉尼的“绿色奥运会”为悉尼乃至澳大利亚塑造了可持续发展的积极形象，澳大利亚新南威尔士前州长认为，悉尼奥运会是澳大利亚前所未有的最好的一次营销实践，澳大利亚旅游委员会则认为，悉尼奥运会使澳大利亚的形象塑造向前推进了 10 年。

2. 旅游结构

（1）旅游的季节性。

我国各地节庆活动的安排大多在旅游旺季举办，从而人为地加剧了旅游业的季节性程度，如山东青岛大多把节庆安排在已是旅游黄金季节的 7~9 月，加剧了青岛旅游业的季节性。戴光全分析了 1999 年世博会实际情况后得出一个基本结论：1999 年世博会使得昆明市旅游的季节性更加突出，此类一次性的重大活动不是弥补淡季之不足，而是强化和扩大旺季和淡季之差。

从根本上说，旅游目的地应当根据旅游活动的不同特征，利用其在旺季和淡季所体现的不同优势，来达到调节淡旺季旅游需求差额、降低旅游季节性的目的。这也是事件及事件旅游战略规划过程中必须解决的基本问题之一。

（2）游客结构。

F1 与奥运会、世界杯足球赛共享“世界三大运动”的美名。10 支参赛车队，20 位上场车手，每年一度的世界范围分站赛程，通过 200 多个国家的电视转播，吸引着世界上 600 亿人次的目光。自 2004 年后，这些目光投向了上海。“选择赛场的一个重要标准是看该城市对 F1 赞助商是否有足够的吸引力。”国际汽联副主席埃克莱斯顿给出了 F1 钟情上海的理由。作为“最烧钱的运动”，大有理由承载为之烧掉亿万美元的赞助商们期待的目光。“是世界上被包装得最好、营销得最好的一项体育产品。”对于用 26 亿元打造了世界一级赛场的上海而言，F1 第一场的到来使得上海在本次赛事中的直接收入，上海赛事商务公司的纪念品销售收入，上海酒店、餐饮业、交通部门以及上海市的土地增值收入，共计 66. 6624 亿元。不仅如此，还会带来长期的旅游效应，据专业人士预测，F1 的到来，可能会在一定程度上改变来华的境外游客结构，从而在观光旅游及商务旅游这两个组成部分中，提高后者的比例。据悉，观光旅游基本上以中低收入的外国友人为主，或者是青年如中学生、大学生或者是老年人，其特征是消费结构不高。而商务旅游多随业务而来，由公司埋单，能为上海带来的潜在收益和实际收益不可估量。

慕尼黑啤酒节每年 10 月举办，从 1 月就开始筹备，到了 5 月几乎所有的准备工作就绪。以 2004 年啤酒节为例：有 1850 家企业申请参与啤酒节的活动，共签订啤酒节合同 649 份。啤酒节中的各项娱乐活动达 2 万项，固定和临时的工作人员有 1. 2 万人，啤酒消费量 650 万升，仅厕所就有 740 个蹲位和 700 个立位。啤酒节 16 天共有 650 万人次参加，其中 60%是当地人，12%的人来自巴伐利亚州，12%的人来自德国其他地方，16%

的人是来自其他国家的游客。

戴光全等以西班牙巴塞罗那为例，分析了由于举办 1992 年第 25 届夏季奥运会，发现其游客构成和旅游目的地构成发生了重大的变化：游客结构方面，远程游客比重大幅度提高、近程（本国）游客比例则出现明显的下降；旅游目的地方面，度假旅游比重增长了 1 倍多，公务旅游出现下降。这两个结构的变化，使得巴塞罗那旅游业的经济效益得到了较大幅度的提高①。

戴光全还研究了 1999 年昆明世博会的客源结构，他指出，世博会在一定程度上加大了国内客源市场的吸引范围，提高了海外客源的集中度。但由于重大或带来超常规、大量游客的缘故，往往容易使旅游目的地出现拥挤现象。重大活动有一个共同特点即在重大活动举行期间因为游客的拥挤而导致部分游客不愿前往活动举办地旅游。在旅游旺季举办大型活动，很容易出现“峰聚现象”，甚至使当地居民产生“反旅游”现象。

任务解决

活动管理是一个新兴的行业，只有通过科学的、严格的评估，才能使所有的活动项目利益相关者认识到它的作用和影响，并总结成功经验，接受失败教训，不断提高活动的质量。

实训任务

某节庆活动评估

任务分析

组织分工：教师将按市场调研的工作方法，将学生每 3~5 人分成一组，组成节庆活动满意度调查小组，制定评估标准进行调查，最终形成《某节庆活动评估报告》。

任务研究：评估的成败关键在于评估标准的制定，评估的准确与市场调查方法的运用有紧密联系。

注意事项：在调查前先组织学生制定评估标准、调查问卷的时候，教师应给予指导，并把握方案与问卷的准确、适用。

操作步骤

1. 信息：收集节事活动评估标准信息。
2. 决策：依据评估标准分析总结。
3. 计划：团队协商、制定标准、现场走访调查、形成报告。
4. 实施：团队协商、制定标准、市场调查、报告写作。

① 戴光全，保继刚．西方事件及事件旅游研究的概念、内容、方法与启发〔下〕[J]．旅游学刊，2003（5）．

5. 检查：教师对学生的评估标准与执行方案进行检查，并在现场调查时对学生进行调查指导，最好检查评估报告。

6. 评估：针对每组学生评估过程和所形成的评估报告，进行指导和评估。

项目内容小结

节事活动项目评估是活动后续管理的核心，也是活动管理的一个重要过程。评估为活动收尾这个项目生命周期的最后一个阶段的重要组成部分，它为活动项目的总结提供了可靠依据。而节事活动的影响评价是以评价报告为基础，分析活动的发展趋势及其对社会、经济和环境的影响，总结决策等宏观方面的经验教训，为完善已有节事活动和策划、组织、管理新的节事活动提供依据。

节事活动评估包括对项目已经发生事实的总结，以及对项目未来的预测。通过评估能总结活动的策划、筹备、实施和运作，并通过预测对活动的未来进行新的分析评价，其目的是为了总结经验教训，为以后的活动工作提高效率和效益提供建议，提供更完善的管理体系和提高管理水平服务。

自我评估

1. 进行会展节事活动评估具有什么重要意义和目的？
2. 会展节事活动评估的主要内容有哪些？
3. 开展会展节事活动评估的基本程序是什么？
4. 依托某一会展节事活动撰写评估报告。

参考文献

1. 杨顺勇，丁萍萍．会展营销［M］．北京：化学工业出版社，2009.

2. 张俐俐，李莹．普通高等学校旅游管理教材旅游市场营销［M］．北京：清华大学出版社，2005.

3. 童涛．来源：转载项目管理者联盟 http：//www. mypm. net.

责任编辑：董　昱
责任印制：冯冬青
封面设计：何　杰

图书在版编目（CIP）数据

节事策划与管理 / 张芝敏主编 . --北京 ：中国旅游出版社，2017. 1

国家骨干高职院校旅游类规划教材

ISBN 978-7-5032-5669-1

Ⅰ. ①节…　Ⅱ. ①张…　Ⅲ. ①节日—文娱活动—策划—高等职业教育—教材②节日—文娱活动—组织管理—高等职业教育—教材　Ⅳ. ①G241. 3

中国版本图书馆 CIP 数据核字（2016）第 206309 号

书　　名：节事策划与管理

主　　编：张芝敏
副 主 编：宋慧娟　李　炼　何　祥　孙冬燕
出版发行：中国旅游出版社
（北京建国门内大街甲 9 号　邮编：100005）
http：//www. cttp. net. cn　E-mail：cttp@ cnta. gov. cn
发行部电话：010-85166503
排　　版：北京旅教文化传播有限公司
经　　销：全国各地新华书店
印　　刷：北京工商事务印刷有限公司
版　　次：2017 年 1 月第 1 版　2017 年 1 月第 1 次印刷
开　　本：787 毫米×1092 毫米　1/16
印　　张：11. 5
字　　数：238 千
定　　价：38. 00 元
I S B N　978-7-5032-5669-1